Birgit Kahle

Schau nicht hin, schau nur geradeaus

BIRGIT KAHLE

Schau nicht hin, schau nur geradeaus

GESCHICHTE EINER DEUTSCHEN FLUCHT 1945

Dokumentarische Erzählung

Mit einem Vorwort
von Ingrid Meyer-Legrand

Edition diá

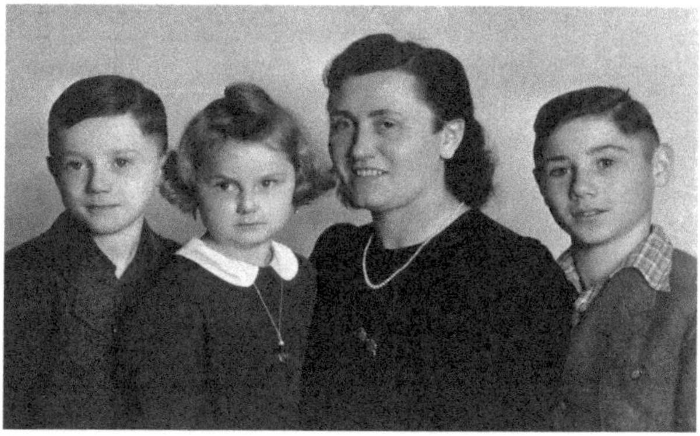

Aribert, Gerlinde, Elisabeth, Ekkehard

»Aus den Trümmern unserer Verzweiflung
bauen wir unseren Charakter.«

Ralph Waldo Emerson

Vorwort

Was wäre, wenn wir alle die Geschichte unserer Mütter noch einmal erzählten? Radikal aus ihrer Perspektive? So wie es in dem vorliegenden Buch von Birgit Kahle geschieht: Eine Tochter schreibt die Geschichte ihrer Mutter aus der Perspektive eines sechsjährigen Kindes, das die Mutter zur Zeit ihrer Flucht im Rahmen des Nationalsozialismus und des Zweiten Weltkriegs war. Sie schreibt auf, was ihre Mutter ihr heute von damals erzählt, und zeichnet jede Bewegung dieser kurzen Zeitspanne ihres Lebens nach, die dann doch ihr ganzes Leben prägt.

Es macht vor allem eines deutlich: Unsere Mütter hatten ein Leben vor uns Kindern. Das haben wir natürlich immer schon gewusst, aber erklären konnten wir uns bestimmte Verhaltensweisen unserer Mütter dennoch nicht. »Mama hat etwas ganz Schlimmes erlebt«, hieß es so manches Mal zur Entschuldigung ihres befremdlichen Verhaltens in der Familie. Dieses Kind, das wir in dem Buch erleben, dieses so früh verletzte Wesen in unserer Mutter haben wir, die wir mit traumatisierten Müttern aufgewachsen sind, immer schon wahrgenommen. Es war immer schon da, als beständige Sorge und als dringender Wunsch: Wie können wir sie trösten? In diesem Resonanzraum sind wir Kinder der Kriegskinder, wir Kriegsenkelinnen und Kriegsenkel, groß geworden.

Wozu ist es gut, dass wir uns die Geschichte und die Geschichten unserer Mütter ganz genau ansehen und sie uns noch einmal anhören, zu Ende anhören, wie einst Verena Kast gefordert hat: Hört euch einfach einmal die Geschichten von Anfang bis Ende an!

Und tatsächlich, wir hören hier die ganze Geschichte und tauchen tief ein in die vielen grauenvollen Szenen dieser verheerenden Flucht und sehen ihr dabei zu, wie sie dieses Grauen aushält, wie sie ihr Leben trotz alledem gestalten und mit aller Kraft weiterleben will. Und wir atmen auf in Momenten, wo sie wieder aufatmen kann. Deswegen lohnt es sich, unseren Müttern bis zum Ende zuzuhören. Sie haben es überstanden, und wir können sie fragen: Wie habt ihr das geschafft? Woher habt ihr die Kraft genommen, die Zuversicht, die Hoffnung? Sie waren doch noch Kinder!

»Ich fühle, was du fühlst«, scheint Birgit Kahle mit diesem Buch zu sagen und sucht Antworten jenseits von Bewertung und Abwertung. Wer diesen Weg beschreitet, hört auf zu beurteilen und beginnt zu verstehen, wie die Mutter die geworden ist, die sie ist. Und nun ist endlich auch der Blick frei für die Frage nach der eigenen Identität.

Denn unsere Identität schlummert nicht einfach in uns, sondern ist das Ergebnis von Resonanzen, von Schwingungen, die von Generation zu Generation übertragen werden – über geteilte Erfahrungen, heftige Auseinandersetzungen, Hoffnungen, Freuden, Ängste und Erwartungen. Und über die Kraft!

Wie bin ich geworden, wer ich bin, lässt sich aus dieser Perspektive auch als Liebeserklärung an die erste große Liebe unseres Lebens formulieren: Ohne sie, ohne meine Mutter, wäre ich nicht die, die ich heute bin.

Ingrid Meyer-Legrand, im Juni 2020

Muscheljahre

Gerlinde

14. Juli 1944

Papas DKW wird immer kleiner. Er schrumpft, und so recht kann mir niemand erklären, wie das geschieht. Erst fehlte nur ein Vorderrad. Jemand hat an seine Stelle ein paar Ziegelsteine gelegt und den Wagen damit aufgebockt. Ich dachte zuerst, das Rad wird bestimmt irgendwann ersetzt. So ein Dampf-Kraft-Wagen ist schließlich etwas Besonderes, den hat nicht jeder.

Später habe ich geglaubt, Papa wird sich schon darum kümmern, wenn er wiederkommt. Aber bis jetzt kommt Papa nicht. Er schickt Pakete. Aus Frankreich kommen sie, mit der ›Feldpost‹. Sorgfältig verschnürt und mit ganz viel Leckereien darin. Auch Sachen, die ich noch nie vorher gesehen oder gegessen habe. Die Pakete machen ein Gefühl wie mitten im Jahr ›Bescherung‹. Nur ohne Baum. Letzten Herbst waren Esskastanien darin. Ich wollte die erst gar nicht probieren. Aber Mutti hat sie dann für uns im Ofen geröstet. Ich habe wirklich noch nie zuvor so etwas Leckeres gegessen!

Unter Feldpost stelle ich mir etwas Schönes vor: Eine Art Schalter auf der grünen Wiese mit einem Posthorn, wo jeder, der mag, ein Paket oder einen Brief abgeben kann. Papa und seine Kameraden machen das so, aber auch Hasen und Füchse, Igel und Rehe.

Mutti sagt, dass Papa beim Franzosen ist. Das sei ein Glück. Das sehen meine Brüder auch so: Ekkehard, mein ältester Bruder, hat eines Tages ein Riesenpaket bekommen, das war ungelogen größer als er selbst. Na ja, er selbst ist auch nicht soo groß, aber trotzdem. Da waren tatsächlich ein paar Skier drin – direkt aus Frankreich, von einer echten französischen Marke, rot lackiert und mit allen Schikanen. Für Ari kam eine Woche später genauso ein Paket. Mitten im Sommer.

»Elefantös!«, hat Ekkehard gerufen, als er seine ausgepackt hat. Er bringt jetzt immer neue Wörter mit aus seiner Schule in Frankfurtoder, die Mutti fürchterlich findet. Also die Wörter, nicht die Schule.

Für Mutti kam feine Lyoner Spitze in einem Extrapaket, die hat sie jetzt oben an den Ausschnitt ihrer weißen Sonntagsbluse genäht. Aber irgendwie trägt sie die seither nie, auch nicht sonntags. Wahrscheinlich spart sie die jetzt genauso ›für gut‹ auf wie unsere Stube: Da werden eigentlich nur zu Weihnachten mal die Bettlaken von den Möbeln genommen. Was für eine Verschwendung! Eines steht fest: So etwas machen wir in unseren Wohnungen später nicht, das habe ich schon heimlich mit Gerda und Lotti abgemacht.

Für mich hat Papa zum Geburtstag tatsächlich ein Fahrrad geschickt, knallrot ist das und ganz neu! Mit Stützrädern zum Üben, weil ich noch nicht fahren kann. Ari wollte mir natürlich gleich zeigen, wie es geht. Dann hat er sich aber mit dem Rad einfach davongemacht, bevor ich es überhaupt ausprobieren konnte! Kantaper, kantaper, die Straße runter, und weg war er. Das war so unglaublich fies von ihm. Diese Knalltüte macht hier einen auf groß! Mutti hat dann später ein Machtwort gesprochen: Ari hat zur Strafe keine Plinsen als Nachtisch gekriegt, ich dafür sogar eine süße Schnecke extra. So.

Und jetzt übe ich jeden Tag. Bald kann ich ohne Stützräder fahren. In das Körbchen hinten setze ich immer meine Susi. Die hat Papa letztes Jahr zu Weihnachten geschickt. Als der Postbote damals mit dem Paket ankam, hat es ein Geräusch gemacht, das klang wie ›Maamaa‹. Ich fand das lustig, habe aber trotzdem nicht kapiert, was drin war. Denn Ari, Ekkehard und ich, wir alle sagen ›Mutti‹ zu Mutti, nicht ›Mama‹. Und ›Papa‹ zu Papa, nicht ›Vati‹.

Das Wort ›Vati‹ ist in unserer Familie für Muttis Papa reserviert. Der ist im ersten Krieg geblieben. Das heißt, er ist gestorben.

Und Mutti will einfach nicht, dass irgendjemand anders bei uns ›Vati‹ genannt wird.

Das Komische ist nur, dass auch Oma Sobbels immer von ›Vati‹ spricht, wenn sie ihren toten Mann meint. Das klingt jetzt ziemlich kompliziert. Bei uns weiß aber eigentlich jeder, wer gemeint ist, wenn von ›Vati‹ die Rede ist: Opa Sobbels.

»Vati ist fürs Vatiland gefallen«, hat Ari mal halb scherzhaft gesagt – und sich dafür von Mutti ein paar ordentliche Schellen eingefangen. Das verstehe wer will, denn er hatte schließlich recht. Auch wenn das natürlich nicht richtig witzig ist. Erwachsene sind komisch: Sie sitzen nie auf ihren guten Sofas, und wenn jemand mal gradheraus die Wahrheit sagt, dann setzt es saftige Ohrfeigen.

Meine Susi hat Papa mir also im vergangenen Jahr zu Weihnachten geschickt, als Trost für mich, weil er keinen Heimaturlaub bekommen hatte. Alle anderen Geschenke kamen aber vom Weihnachtsmann, das steht fest.

Ich fände es nur viel schöner, wenn Papa endlich wieder hier wäre. Dann könnte ich mit ihm im Auto fahren oder im Ruderboot, und er würde mir etwas vorsingen. Er hat für uns alle ein Lied geschrieben, über die Eilang. Das ist der kleine Fluss, der durch unseren Garten fließt.

›Durch den märkischen Sand so golden‹ heißt es in Papas Lied. Denn der Boden ist hier wirklich sandig und sehr trocken. Wir wissen auch alle nicht, warum unser Dorf Matschdorf heißt. Ich finde das aber gut so, also dass es so trocken ist. Ich mag nämlich keinen Matsch. Und Mutti auch nicht. Wenn ich früher mal mit schmutzigen Händen vom Spielen am Ufer reinkam, hat sie mich immer kleiner ›Modderpeizker‹ geschimpft. Das war zwar nicht böse gemeint, aber allein das Wort ist ja schon fies.

Die Orte hier in der Gegend hatten wohl früher alle mal so komische Namen. Wiesenau, da wo Oma Sobbels wohnt, hieß früher Krebsjauche. Igitt! In der Nähe gibt es dann noch Lieberose und Müllrose.

»Für die Blühenden und die Verblühten«, scherzt Papa gern, und Mutti verdreht dann immer die Augen, weil sie das schon so oft gehört hat.

Am besten von all den Ortsnamen gefällt mir aber Siehdichum. Das klingt, als ob man da gut Verstecken spielen könnte. Ich war aber noch nie da. Papa macht oft Witze darüber, dass die in der Mark Brandenburg ein Händchen für komische Namen haben. Er stammt zwar eigentlich auch von hier, legt aber großen Wert darauf, dass seine Urgroßeltern aus Schweden stammen. Papa hat einen schönen Namen, und deswegen heißen Mutti und meine Brüder und ich auch so: Lilie.

Eine Blume als Nachnamen zu haben, das finde ich richtig gut. Obwohl, Gerlinde Stiefmütterchen würde ich nicht so gern heißen wollen.

Irgendwo weiter weg mündet unsere Eilang dann in die Oder, hat mir Ekkehard erklärt. Dass unser Fluss dann einfach weg ist und zu einem anderen wird, verstehe ich nicht. Es bedrückt mich, dass die Eilang dann einfach nicht mehr da ist.

* * *

Gestern hat wieder jemand Teile von Papas Auto abgebaut. Es steht jetzt vorne nur noch auf vier Ziegelsteinen. Ich finde das ziemlich unerhört.

»DKW steht für ›Das Kleine Wunder‹«, ulkt der alte Wittich gerne. »Deshalb löst er sich wahrscheinlich auch langsam auf! Jaja, der deutsche Kraftwagen. Hart wie Kruppstahl und rumpelig wie ’n Walkürenritt.«

Mutti schmunzelt dann meist, seltsam. Aber mir gefällt das nicht; ich glaube, Wittich ist bloß neidisch.

Es ist nämlich ein ausgesprochen schöner Wagen, mit dicken Polstern aus hellbraunem Leder.

Ich schleiche mich oft in die Garage und setze mich rein. Es riecht so schön, irgendwie aufregend. Ein bisschen staubig auch, aber das macht nichts. Ich sammle immer die toten Fliegen auf und werfe sie aus dem Fenster. Mit Spucke und einem von Papas weißen Taschentüchern wische ich die Fliegenschisse von den Sitzen. Früher habe ich auch die Spiegel damit geputzt, aber die sind nun schon seit Monaten weg. Das macht mich zornig, denn ich finde, Papa hat es verdient, dass er sein Auto wiederbekommt, wenn er es schon so lange beim Franzosen aushalten muss. Hier im Dorf hat sonst kaum jemand ein Auto. Papa aber schon, denn er leitet die Schule. Und er schreibt die Leute auf, wenn sie heiraten oder wenn einer stirbt. Jedenfalls hat er das getan, bis er ins ›Feld‹ musste.

Ich vermisse es auch, dass er sonntags nicht mehr in der Kirche die Orgel spielt. Die alte Trine, die ihn vertritt, kann nicht mal richtig den Takt halten. Da macht das Mitsingen keinen Spaß.

* * *

Eigentlich ist es vielleicht ganz gut so, dass unser Auto nicht mehr fahren kann. Weil ein Auto vor zwei Jahren Lumpi überfahren hat. Lumpi war mein schwarzer Langhaardackel – und so süß. Ausgerechnet in unserem winzigen Matschdorf: Also, da kommt vielleicht alle Jubeljahre mal ein Auto durch! Ausgerechnet hier hat einer meinen Lumpi überfahren. Er war sofort tot. Oh, was haben wir alle geweint. Ekkehard und Ari haben im Garten ein Grab für Lumpi ausgehoben, und Mutti hat ein altes Tischtuch gespendet, in das haben wir Lumpi eingewickelt. Als wir ihn gerade in die Erde legen wollten, da fingen die Kirchenglocken an zu läuten. Wir haben auf dem Rasen gehockt und alle nur geheult. Nur Mutti nicht. Die weint eigentlich nie.

Kaum war eine Woche rum, da hatte Mutti einen neuen Hund für uns besorgt. Bobbi, auch einen Dackel, aber braun und kurzhaarig. Bobbi ist so was von verfressen! Ganz anders als Lumpi, das war ein ganz Lieber, der schmuste immer mit mir.

Bobbi, na ja, der ist so ein ›Hoch und Niedrig‹. Ein richtiger Wildfang. Er streunt nur herum und klaut alles, was ihm gefällt. Großvater Lilie hat vor vier Wochen mal aus Wiesenau seinen Knecht zu uns geschickt, mit einem schönen großen Stück Butter. Was für sich genommen schon ein kleines Wunder war, weil Großvater ein wenig kniepig ist. Kaum hatte der Knecht das Stück für Mutti auf den Küchentisch gelegt, da hatte Bobbi es sich schon geschnappt. Danach hat er gekotzt wie sonst was. Aber die gute Butter war weg.

Mutti sagt, sie steht jetzt in Großvaters Schuld für etwas, das sie eigentlich nie bekommen hat. Aber das darf der nie erfahren, ich musste es schwören.

* * *

Gestern haben wir dem alten Wittich wieder mal einen Streich gespielt. Den hat Ari ausgeheckt. Ekkehard ist ja meistens in seiner ›Obertertia‹, also auf dem Gymnasium in Frankfurtoder. Der alte Wittich ist Verwalter auf dem Schloss, das an unseren Garten grenzt. Mutti sagt, es ist kein Schloss, sondern nur ein Gutshof, aber ich sage immer Schloss. Die Schöneich-Karoleits, denen das Gut oder das Schloss gehört, sind eigentlich nie da. So richtig adlig sind sie auch nicht. Nur einmal, da habe ich den Major gesehen. Der ist mit glänzenden Stiefeln durch das Tor geritten und hat Mutti und mich sehr freundlich gegrüßt.

Mir ist es recht, dass niemand dort richtig wohnt, denn dann können wir besser im Park und am Ufer spielen. Der alte Wittich passt zwar auf das Gut auf und schaut, dass keiner was klaut, aber uns bemerkt er nicht immer. Wir klauen ja auch nichts, wir spielen nur Prinzessin und Prinz. So herum, also nicht Prinz und Prinzessin.

Wenn Wittich an der Eilang angelt, dann hat er oft keine Lust so lange zu warten, bis einer anbeißt. Er legt dann Köder aus: An Schnüren hängen die im Wasser. Später am Tage geht er dann nachschauen, ob was angebissen hat. Die Eilang ist voller Fische, da kann man schon ganz schön was rausholen. Papa hat mal einen Hecht gefangen, der ging ihm ungelogen bis zur Hüfte! Papa ist zwar nicht groß, aber trotzdem. Wir mussten dann vier Tage lang Hecht essen. Mutti hat auch etwas davon geräuchert, damit es länger hält.

Die Blase von dem Fisch hat Papa getrocknet und später in der Stube an die Lampe gehängt.

Als dann ein paar Wochen später der Metzger zu Besuch kam, der ist so ein bisschen ein Hornvieh, hat der gefragt: »Mensch Bernhard, wann habt ihr denn ohne mich geschlachtet?«

»Wieso?«, hat Papa harmlos gefragt. Er kann das gut, er verzieht dann keine Miene, auch wenn alle anderen schon lachen müssen.

»Na ja, das ist doch eine Schweinsblase da oben«, hat der Metzger gemeint. Nee, die ist von einem Fisch, hat Papa geantwortet und sich gefreut, wie der Metzger das erst nicht glauben wollte.

»Das ist doch bloß dein Anglerlatein«, hat er kopfschüttelnd gemeint. Erst als er sich das Ding an der Lampe von Nahem angeschaut hat (und daran gerochen!), da hat er erkannt, dass Papa die Wahrheit sagt. Papa lügt nicht. Er ist ein Ehrenmann. Das sagen alle.

Jedenfalls sind Ari und ich zu der Stelle gefahren, wo Wittich seine Schnüre ausgelegt hat. Wir können nämlich direkt unten im Garten in den kleinen Kahn steigen, den Papa da festgemacht hat. Wir fahren damit immer durch die tief hängenden Weiden. Das ist so schön im Sommer!

Wenn Ari rudert, darf ich mich ins Boot legen und mir durch die Zweige die Sonne ansehen, wie sie dort hindurchscheint. Das ist ein einziges Geglitzer, und wenn ich lange genug hinsehe, wird mir oft ein bisschen komisch, aber schön komisch. Mutti sagt, ich soll das lassen, das ist nicht gut für die Augen, aber ich mache es trotzdem. Gestern mussten wir aber schnell machen, denn Ari hat ein kleines Messer genommen und damit all die Köder von Wittichs Schnüren abgeschnitten. Ich musste in der Zeit achtgeben, dass wir nicht abtreiben. Da durfte ich das erste Mal die Ruder halten, das war ganz schön anstrengend. Aber ich habe es geschafft.

Später haben wir uns an der Biegung hinten im Schlosspark an der Uferböschung auf die Lauer gelegt. Wir haben fast zwei Stunden gewartet. Mir war langweilig, und ich bin eingeschlafen. Ari hat mich dann brüsk in die Seite geknufft und den Finger vor den Mund gehalten, damit ich auch gar still bin.

Unten am Ufer hat der alte Wittich dann eine Schnur nach der anderen rausgezogen und ganz laut geflucht, weil nirgendwo mehr etwas dran war. Irgendwann hat er die Schnüre allesamt eingesammelt und gesagt: »So eine Scheiße, im Dritten Reich beißen noch nicht mal mehr die Fische!«

Wir hätten uns am liebsten totgelacht, aber er durfte uns ja nicht bemerken. So haben wir es dann später gleich Mutti erzählt. Die war erst ärgerlich, dass wir so rumschlawinern, aber hinterher hat sie dann auch lachen müssen. Wir dürfen das aber keinem erzählen, hat sie uns eingeschärft, vor allem nicht das, was Wittich über das Dritte Reich gesagt hat, weil der sonst Ärger kriegt, oder so.

* * *

Heute weckt Mutti Pfirsiche ein. Wir haben ja so viele Pfirsiche im Garten!

»Wie im Land, wo die Zitronen blühen«, das sagt Papa immer.

Das sind vielleicht dicke Dinger! Und dieses Jahr trägt unser Pfirsichbaum, das ist einfach sagenhaft. Ich darf deshalb so viele essen, wie ich möchte. Oder kann.

»Bis du Bauchweh bekommst«, unkt Mutti.

Aber das ist noch nie passiert. Ich kenne mich da schon aus, weil ich letztes Jahr, als es nicht so viele Pfirsiche gab, heimlich auch ganz viele gegessen habe. Also vor allem natürlich die, die von allein heruntergefallen sind. Ach, was sind die lecker! Wenn man sie mittags aufsammelt und in der Hand hat, fühlen sie sich an wie das warme Fell einer jungen Maus.

»Oder wie ein Kindergesichtchen«, hat Papa gemeint.

Und wenn man hineinbeißt, dann läuft einem dieser herrliche, süße Saft über die Hand. Man muss nur aufpassen, dass man sich nicht bekleckert, weil die Flecken so schwer rausgehen. Wenn ich mit Pfirsichflecken reinkomme, kriegt Mutti schlechte Laune. Also esse ich sie unten an der Eilang, vornübergebeugt – und so viele wie möglich. Da kann ich mir gleich die Hände waschen, und alles bleibt schön sauber.

Mutti legt viel Wert auf Reinlichkeit und einen ordentlichen Haushalt. Schlamperei ist ihr ein Gräuel. Das hat sie aus der Hauswirtschaftsschule, wo sie zwei Jahre gelernt hat, noch bevor sie Papa geheiratet hat. Darauf ist sie ziemlich stolz, und Papa ist es auch. Er sagt immer zu den Leuten: »Mein Lieschen war auf der ›Benimmje‹!«

Und dann lacht er und nimmt sie in den Arm, und Mutti verdreht die Augen. Aber ich merke, dass sie das eigentlich gut findet.

Im Herbst komme ich auch in die Schule. Ich weiß zwar, dass ich das nicht denken sollte, aber ich finde es eigentlich in Ordnung, dass ich dann vom Fräulein unterrichtet werde, das Papa als Lehrerin vertritt, seit der im ›Feld‹ ist. Ich habe Papa sehr lieb, aber als Lehrer möchte ich ihn dann doch nicht so gern haben. Er ist nämlich sehr streng mit mir, wenn ich Klavier übe. Bei allen anderen Schülern, die nachmittags bei ihm Klavierstunden nehmen, sitzt er daneben und ist ganz geduldig. Bei mir liest er jedes Mal die Zeitung in seinem Lieblingssessel. Und immer wenn ich mich verspiele, ruft er bloß: »Noch mal!«

Mutti sagt, es ist ein großes Glück, dass Papa in der Schreibstube beim Franzosen gelandet ist. Weil er da mit seiner schönen Handschrift gut am Platze ist. Und natürlich, weil er da nicht so viel kämpfen muss. Wie die anderen Soldaten, die beim Russen sind. So wie Onkel Willi.

Alle finden, das mit der Schreibstube sei ›ein Wunder‹. Denn Papa hatte noch nie Lust auf Krieg. Er wäre lieber zu Hause, um zu angeln, zu komponieren, zu malen oder Orgel zu spielen, und natürlich um seine Schule zu leiten. Wittich hat mal gesagt, dass diejenigen, die am wenigsten Lust auf Krieg hätten, immer die schlechtesten Posten bekämen. Da hat er sich wohl geirrt.

Als wir vor zwei Jahren mal bei Großvater Lilie in Wiesenau waren, habe ich ein Gespräch belauscht, als Papa Fronturlaub hatte. Da hat mein Opa, also der Papa von meinem Papa, gesagt: »Junge, du bist ja immer noch Gefreiter, willst du dich nicht mal langsam bemühen aufzusteigen beim Kommiss?«

Da war dann eine Weile Stille, und dann hat Papa gesagt: »Nee, will ich nicht. Ich will nur wieder am Stück nach Hause zurück.«

* * *

Matschdorf ist ein wirklich schönes Dorf. Der ganze Kreis Weststernberg sei einfach wunderbar, sagt Papa immer, bestimmt auch, weil er so gern in der Natur herumwandert und zeichnet.

Ich finde, er hat recht, es ist bestimmt nirgendwo schöner als hier. Papa muss es schließlich wissen, er war mit seinen Kameraden immerhin schon in Dänemark, und jetzt lernt er gerade Frankreich kennen. Na ja, wenn ich groß bin, ziehe ich vielleicht auch nach Frankfurtoder. Dort gibt es nicht so viele Bäume, aber einen Park und ganz viele Geschäfte. Das ist auch schön, aber man kann nicht so gut spielen.

Ekkehard sagt, in so einer Stadt sei einfach mehr los. Aber das findet er wohl nur, weil er jetzt ein ›Halbstarker‹ ist, wie Mutti mir vor ein paar Tagen augenzwinkernd erklärt hat.

Hier bei uns gibt es ja nur die Gaststätte und die Kirche, und am Mittwoch kommt immer der Krämer mit seinem Fuhrwerk. Vor zwei Jahren hatte er noch einen Pritschenlaster, aber den musste er abgeben: kriegswichtig. Manchmal gibt es ein Fest, einmal im Monat den Kirchenkreis, dienstags den Konfirmanden-Unterricht bei Pastors für die älteren Kinder, mittwochs die Ortsgruppe der Frauen. Mutti geht da seit einiger Zeit nicht mehr hin, sie findet das jetzt doof. Ich habe gehört, wie sie Papa bei seinem letzten Fronturlaub erzählt hat, eine der Frauen hätte gesagt, sie wünsche sich ja so sehr ein Kind vom Führer! Das fanden die beiden urkomisch, sie haben ein paar Minuten lang darüber gekichert, und danach ist Mutti nie mehr zu der Ortsgruppe gegangen.

In Frankfurtoder haben wir einige Male Herrn und Frau Schmidt besucht. Herr Schmidt ist ein alter Freund von Papa, aus seiner Zeit, als er selbst auf der Lehrerschule war.

»Im Seminar«, erklärt er immer, oder »auf der Präperande«.

Ich weiß nicht genau, was das ist, so eine Art Oberschule, nehme ich an. Papa hat es da wohl gut gefallen, denn er erzählt gern davon. Die Schüler haben dort damals solche Mützen getragen, in dunkelblau, alle die gleichen Mützen, als Zeichen dafür, dass sie zusammengehören. In der Stube hängt ein Foto von den ›Seminaristen‹; Papa steht darauf hinten links in der letzten Reihe und lacht. Herr Schmidt steht vorne rechts und guckt grimmig. Er ist jetzt Oberschullehrer. Der ist noch ›was Besseres‹ geworden als Papa, das hat Mutti mal zu uns gemeint – jedenfalls wenn man Lehrer miteinander vergleicht. Diese Seminare gibt es heute nicht mehr, sagt Papa, weil der Führer die nicht so gut fand. Es gibt viel, was der nicht gut findet und was Papa gern mag.

Jedenfalls wohnen die Schmidts in Frankfurtoder in einer ganz tollen Wohnung, da sind die Decken bestimmt doppelt so hoch wie bei uns! Hochparterre nennt sich das Stockwerk, obwohl es ja eigentlich die erste Etage ist. Es ist so schön hell da, mit einem glänzenden Parkettfußboden, der aussieht wie abgenagte Fischgräten, also vom Muster her. Die Eingangstür hat zwei Glasscheiben, in die sind Blumengirlanden mit verschnörkelten Blüten geritzt, und einen messingfarbenen Türknauf in Form eines Löwenkopfes gibt es. Und zwei Bäder haben die da, zwei in einer Wohnung! Mit Wasserklosett. Und einer richtigen kleinen Heizung darin! Bei uns gibt es nur eins, also Klos. Da drin ist es immer kalt, außer im Hochsommer natürlich. Und für die Schüler gibt es ein Plumpsklosett ganz hinten, am Ende des Schulhofs.

Immer wenn wir zu den Schmidts gefahren sind, durfte ich mein schönstes Kleid anziehen, und auch Mutti hat sich jedes Mal ganz schick gemacht, mit einem dunkelblauen Hütchen, an dem so eine kleine schillernde Feder steckt. Aribert und Ekkehard sind nicht mitgefahren letztes Mal, weil Ari dollen Schnupfen hatte und Ekkehard da unbedingt in ein Zeltlager bei der Hajott wollte. Ari wollte natürlich auch, also der erst zum Jungvolk. Aber Ekkehard hat nur die Nase gerümpft und gesagt: »Ach was, du Knirps! Was sollen die denn mit dir? Dein Kopf auf die Briefmarke, und die Post geht pleite.«

Gemeinsam mit Mutti nach Frankfurt – ich fand's gut, da hatte ich endlich mal etwas für mich alleine. Mutti hat das zu einem ›Damennachmittag‹ erklärt, das war richtig großartig! Sonst bin ich ja immer bloß ›die Kleine‹, ›unser Küken‹ oder ›das Mädelein‹.

Ekkehard fand hinterher auch, dass er besser mit uns gefahren wäre. Er hat zwar so einen rot-weißen Wimpel von der Hajott mitgebracht, den könnte er sich jetzt eigentlich an den Tornister machen. ›Flagge zeigen‹, sagt er, so nenne man das. Aber er hat wohl keine rechte Lust dazu, denn jetzt liegt der Wimpel ›für alle Fälle‹ in der Schublade von Papas Schreibtisch. Welche Fälle das sind, hat Papa nicht gesagt. Ich darf den Wimpel aber auch nicht haben für mein Fahrrad, weil ich dafür angeblich – mal wieder – zu klein bin. Was natürlich Humbug ist und noch dazu schrecklich ungerecht. Ich wäre stolz darauf, wenn ich damit durchs Dorf fahren könnte, aber Papa meint, das ist politisch und davon verstünde ich nichts. Als Ari vor zwei Jahren schon mal zu den Pimpfen wollte, zum Jungvolk, hat Papa auch gesagt, das sei politisch und nichts für Kinder, die solle man da heraushalten. Ari hat dann aber noch eine Zeit lang gequengelt, doch nachdem Ekkehard jetzt zurück war von seinem Zeltlager, hat er schließlich Ruhe gegeben. Mir hat er später erzählt, er hätte eh nur so ein Halstuch mit Lederknoten haben wollen, und natürlich das Fahrtenmesser.

Ekkehard hat uns beschrieben, wie sie im Zeltlager zweimal Würmer hätten essen müssen, so als Mutprobe und weil da ja ach so viel Eiweiß drin sein soll. Andauernd durch den Wald hätten sie juchtern müssen und dabei jede Menge Osterhäschen und Liegestütze machen. Eigentlich macht er das sonst ganz gern, vor allem wenn wir zugucken, natürlich. Ekkehard ist nämlich ziemlich sportlich. Trotzdem hat er seither keine Lust mehr auf irgendwas mit der Hajott oder mit dem, was die da ›Knochenschleifen‹ nennen.

Papa hat nur gesagt: »Wem's schmeckt!« Und hat dabei gelächelt und Ekkehard auf die Schulter geklopft.

Mutti und ich haben dann bei den Schmidts echten Bohnenkaffee getrunken (also ich nicht, für mich gab es kalte Milch, so viel ich wollte) und Frankfurter Kranz gegessen. Mit richtiger Buttercreme und Servietten, die waren so weiß und tüchtig gestärkt, dass man sie am liebsten gar nicht benutzen wollte.

Frau Schmidt ist immer sehr elegant. So eine richtig anmutig-zartfühlende Dame wie aus den Romanen, die Mutti mitunter liest, also wenn sie sich mal Zeit dafür nimmt. Man sieht, dass sie nicht so oft im Garten oder in der Küche arbeitet wie Mutti. Ihre Hände sind ganz fein und weiß, und ihre Fingernägel haben vorne solch perfekt weiße Halbmonde. Muttis sind oft grau vom Kartoffelschälen, obwohl sie sie abends immer mit Grüner Tante schrubbt und dann mit Goldkrem einreibt.

Aber die beiden verstehen sich gut, und ich merke, dass Mutti sich bei ihnen in Frankfurtoder immer sehr wohl fühlt. Eigentlich, so hat sie später gemeint, sei es ein kleines Wunder gewesen, also das mit dem Kaffee, denn in Frankfurtoder gibt es viele Ess-Sachen und Getränke nur noch ›auf Karte‹, und die Butter ist schon seit langer Zeit ›rationiert‹. Das heißt, es gibt nur sehr wenig davon, und wenn, dann nicht dann, wenn man eigentlich Appetit darauf hat.

Jetzt waren wir schon eine ganze Weile nicht mehr dort, weil Herr Schmidt wohl auch ins ›Feld‹ sollte, und weil das ja eigentlich gute Freunde von Papa sind, nicht direkt von Mutti.

Herr Schmidt wollte das mit dem ›Feld‹ aber wohl nicht und damit sie ihn nicht zwingen können, sind er und seine Frau dann einfach schnell weggefahren, in ein anderes Land. So eine Art langer Urlaub, stelle ich mir vor. Aber die Wohnung ist ja noch da. Irgendwann, wenn der Krieg endlich vorbei ist, können wir sie also bestimmt wieder besuchen.

Es ist natürlich schon schade, dass wir jetzt nicht mehr so oft nach Frankfurtoder fahren. Auch, weil Mutti mich dann manchmal mit ins Kino genommen hat. Am liebsten in Filme mit Paul Hörbiger, weil der Papa so ähnlich sieht: Er hat genauso eine knubbelige Nase, lacht genauso ansteckend und kriegt dabei die gleichen Fältchen um die Augen wie Papa.

In Matschdorf gibt es natürlich kein Kino, aber sonst haben wir wirklich Glück, hier zu wohnen, vor allem jetzt im Sommer. Wir haben mehr gute Sachen zu essen als viele andere im Reich, weil wir reichlich von Oma Sobbels' Hof bekommen, und auch, weil Mutti so viel einmacht. Und es ist viel sauberer als in Frankfurtoder. Wir sammeln natürlich auch alles ein, was so rumliegt: Altpapier, Stanniol oder irgendwelche Metallstückchen. Das bekommt dann die Wehrmacht, weil das kriegswichtig ist. Letzte Woche waren wir hinten an der Mühle, wo das Wehr ist. Wenn wir da rumstiefeln, finden wir immer etwas, zum Beispiel leere Zahnpastatuben. Am Wehr staut sich immer der ganze Müll. Das ist oft auch richtig eklig. Ari hat da schon mal was gefunden, das aussah wie ein abber Arm. War dann aber doch bloß ein gehäuteter Aal. Mutti hat sich aufgeregt und beim Karottenputzen minutenlang laut geschimpft. Nicht mit uns, sondern mit dem, der den Aal weggeworfen hat, obwohl sie diesen Jemand gar nicht kennt. Weil man doch einen Aal lieber essen sollte ›in diesen Zeiten‹. In der Eilang gibt es aber noch ganz viele davon. Ehrlich, mir kommt der viele Fisch schon zu den Ohren raus! Das habe ich mich aber nicht getraut zu sagen, weil Mutti mich dann undankbar gescholten hätte.

Die Zahnpastatuben jedenfalls werden dann zusammen mit dem anderen kriegswichtigen Kram in der muffigen Kammer neben dem Klassenzimmer bei uns im Schulhaus gesammelt. Dahin kommen auch andere Leute aus dem Dorf und geben etwas ab. Und wenn ein Leinsack voll ist, dann bindet Mutti ihn zu und macht ein Zettelchen dran, damit alle wissen, wie fleißig wir gesammelt haben. Wenn viele Säcke voll sind, dann telefoniert sie, vom Gasthof aus. Dann kommt ein paar Tage später so ein Wagen aus Frankfurtoder, der holt die Säcke ab.

Ich habe Ekkehard gefragt, ob die dort wieder Zahnpasta in die Tuben pressen, aber er hat mich ausgelacht und gesagt, nein, die sind kriegswichtig. Irgendwie ist heute alles kriegswichtig. Ich finde ja saubere Zähne auch wichtig. Nicht, dass man hinterher aus dem Mund riecht wie sonntags die alte Orgel-Trine.

Es gibt aber jetzt schon lange keine Zahnpasta in Tuben mehr zu kaufen. Mutti lässt uns immer auf Minzeblättchen herumkauen, die wachsen hinten im Garten, und abends benutzen wir nun so ein Pulver, das schmeckt eklig und schäumt nicht, soll aber die Zähne schön weiß machen. Mutti nimmt es aber auch zum Backen, und wenn ich Bauchweh habe, löst sie es mir in warmem Wasser auf und lässt es mich trinken. Ein echtes Tausendsassa-Pulver, aber auch »das ist inzwischen rationiert«, sagt Mutti, deshalb gibt es immer nur eine Prise davon auf die Bürste, und ich muss mindestens vier Minuten lang schrubben. Ach ja, wenn sie Bohnen kocht, benutzt sie es auch.

Wir haben so ziemlich den ganzen Keller voller eingeweckter Bohnen. Und Pilze. Und Pfirsiche. Und Himbeermarmelade. Und Pflaumenmus. Und Senfgurken. Und Bratheringe. Und Rollmöpse. Und viele andere leckere Sachen, denn wir kriegen ja auch Milch, Fleisch und Eier von Omas Hof in Wiesenau. Manchmal wünsche ich mir, ich könnte mich da mal eine Nacht einschließen und dann alles essen, worauf ich Lust habe. Von mir aus, bis ich Bauchweh habe.

Mutti führt auch eine ›Zuckerkasse‹. Das heißt, wir alle sparen Zucker übers Jahr, damit wir im Sommer genug zum Einwecken haben.

»Der Führer hat das von Mutti übernommen, daraus einen ›Erlass‹ gemacht, und nun machen das alle so.« Das hat Papa jedenfalls gesagt und sich danach halb krankgelacht. Mutti hat ihn nur scherzhaft geknufft und gemeint: »Mensch, Bernhard, was spintisierst du vor den Kindern nur wieder herum!«

Also wahrscheinlich läuft das mit dem Führer nur wieder unter Papas ›Anglerlatein‹.

Mutti behauptet, dass wir hier großes Glück haben, weil wir all diese guten Dinge haben; in Berlin müssten sie schon seit längerer Zeit Hunger leiden, weil dort alles ›rationiert‹ ist. Deswegen teilt sie alles gut für uns ein, für schlechte Zeiten.

Ich begreife das nicht recht, denn Berlin ist ja eine große Stadt mit vielen Läden. So wie Frankfurtoder. Sogar Reichshauptstadt. Warum haben die dann weniger zu essen als wir hier? Das liegt am Krieg, sagt Mutti immer. Und ich merke, dass sie keine Lust hat, darüber zu sprechen. Über Berlin nicht, und über den Krieg schon mal gar nicht. Wohl auch, weil ihr eigener Vater im letzten Krieg geblieben ist. Was so viel bedeutet, dass er gestorben ist. Darüber ist sie immer noch ganz kummervoll, obwohl es schon sehr, sehr lange her ist.

* * *

Irgendwie verschwinden die Freunde von Papa. So wie die Schmidts. Oder die Levys aus Wiesenau. Die habe ich aber nie kennengelernt, oder ich erinnere mich nicht daran, dafür war ich wohl noch zu klein.

Papa hat mir erzählt, der Siegfried, der wäre ihm immer ein großes Vorbild gewesen. Eine Art ›väterlicher Freund‹ sei ihm der Siegfried. Aus kleinen Verhältnissen hätte der es enorm zu etwas gebracht: Ein schönes Geschäft hätte er gehabt und viele zufriedene Kunden. Und eines Tages, da wären Siegfried und seine Frau dann einfach verschwunden.

»Wohin denn?«, habe ich ihn gefragt.

Weggezogen seien die, nach Berlin. Ohne sich zu verabschieden. Und weil Papa jetzt schon seit vielen Jahren im ›Feld‹ ist, konnte er die Levys in Berlin auch noch nicht besuchen.

»Sie haben sich halt aus den Augen verloren«, hat Mutti zu mir gesagt und bekümmert die Schultern gezuckt.

Wenn Papa von Siegfried Levy spricht, dann werden seine Augen immer ganz glasig. Ich glaube, er vermisst ihn sehr, und das kann ich gut verstehen. Wenn meine Freundin Lotti Sagitz auf einmal weg wäre und ich könnte mich nicht von ihr verabschieden, das würde mich auch fürchterlich betrübt machen.

Ich mag Berlin aber sowieso nicht, weil ich da als Baby sieben Monate lang im Krankenhaus war. In der Charité, das ist ein berühmtes Hospital mit einer eigenen Kinderklinik. Im Gipsbett musste ich da liegen, viele Monate lang, weil mein rechtes Bein nicht richtig stand. Mutti durfte mich lange nicht besuchen, weil dort die Diphtherie ausgebrochen war. Das ist eine böse Krankheit, und viele Kinder sind damals daran gestorben. Aber ich nicht. Trotzdem war das schlimm für mich, da so alleine zu sein, ohne Mutti. Obwohl die Ärzte zu Mutti gesagt haben, das härte mich ab. (»Was soll man denn einen Säugling schon abhärten?«, hat Mutti mal ärgerlich geblafft.)

Und obwohl Ekkehard immer sagt, das wär doch alles Feenstaub, daran könnt' ich mich ja gar nicht erinnern. Tue ich aber doch! Und die blöde Gipsschale, die liegt immer noch oben auf dem Dachboden. Neben den Leinsäcken mit kriegswichtigem Müll und den ganzen Gewehren.

Gott sei Dank bin ich jetzt zu groß für die Gipsschale, und mein Bein steht wieder gerade.

Ich bin so froh, dass ich wieder hier in Matschdorf bin. Denn es gibt wirklich keinen besseren Ort auf der Welt. Wenn ich im Garten an der Eilang Krebse angle (die schmeiße ich natürlich immer gleich wieder rein!) oder mit Ari oder meiner Freundin

Lotti im Schlosspark Räuber und Gendarm spiele, dann bin ich richtig glücklich und möchte, dass die Zeit anhält. Ich fühle mich dann wie in einer Muschel. Die ist außen weiß und innen ganz aus schimmerndem Perlmutt, und man kann sie zuklappen, wenn es draußen mal nicht so schön ist.

Ach, eigentlich will ich nie irgendwo anders wohnen. Auch nicht in Frankfurtoder. Und in Berlin schon mal gar nicht.

September 1944

Gestern bin ich eingeschult worden. Ich gehe jetzt in die erste Klasse von Papas Volksschule.

»Nu is nuch mittem Herumschlawinern!«, hat Oma Sobbels lachend gemeint und mich liebevoll am Ohr gezogen.

Fast alle Verwandten aus Wiesenau waren da, um mich und Mutti zu beglückwünschen. Es war so ein langer und aufregender Tag! Mit einem Schlag fühle ich mich jetzt viel erwachsener.

Gerda, unser Pflichtjahrmädel, hat mir eine wunderschöne Schultüte gemacht, außen mit Sternen aus goldenem Stanniol und innen mit dunkelblauem Krepppapier. Ganz viele tolle Sachen waren da drin: eine kleine Schiefertafel, ein Griffel, ein Spitzer und ein Schwämmchen, eine kleine schwarze Kladde und eine Blechschachtel mit zehn bunten Wachsmalkreiden. Ein Lineal aus Holz und eine Tüte mit Salmiakpastillen. Und echte Schokolade! Katzenzungen, einzeln in Alupapier eingewickelt, mit süßen Katzenbildern darauf, die hat Papa aus Frankreich geschickt. Und eine richtige, dicke Apfelsine. Wenn man an der Schale kratzt, dann duftet das ganze Zimmer! Und ein neues Kleid habe ich auch bekommen, ein Dirndl mit einer knallroten Schürze. Das hat Mutti selbst genäht, denn das kann sie fast noch besser als kochen.

Gerda hat das mit der Schultüte heimlich für mich gemacht, in den letzten Wochen, und dann zusammen mit Mutti gesammelt und gepackt. Weil sie in der Nähe wohnt, drüben bei diesem Knilch, dem blöden Förster, konnten sie wohl all die Sachen gut vor mir verstecken. Ich habe nämlich schon wochenlang gedibbert, weil ich so gern eine richtige, bunte Schultüte wollte! Und überall gespickt, ob Mutti etwas vor mir verbirgt. Doch Mutti hat immer abgewunken und streng gesagt: »Es ist Krieg, da gibt es keine richtigen Schultüten. Nur solche aus Zeitungspapier.«

Wenn Mutti nicht will, dass man etwas erfährt, dann erfährt man auch nichts. Das ist mir schon öfter aufgefallen.

Gestern waren wir dann erst in der Kirche, da gab es zur Einschulung einen Gottesdienst. Die alte Trine hat wieder so schebbich georgelt, aber ich war viel zu aufgeregt, um mich darüber zu ärgern. Wir haben dann alle lautstark gegen die Orgel angesungen und damit der Trine gezeigt, wie der richtige Takt geht. Das war lustig, weil sich irgendwie alle einig waren und einander in den Sitzreihen angegrinst haben.

Vor der Schule hat der Herr Fotograf aus Wiesenau dann später ein Foto von uns allen gemacht. Mit der Lehrerin, die Papa vertritt. Die war ziemlich stolz, das hat man gemerkt, denn wir sind ihre erste Klasse.

Nur Mutti und ich waren etwas traurig, dass Papa nun meine Einschulung verpasst. Die ist ja nur einmal im Leben.

Ich habe in der zweiten Bank neben Lotti sitzen dürfen. Aber das war jetzt nicht so aufregend für mich, weil ich die Schulstube ja schon kenne und jeden Tag sehe. Das Fräulein hat uns erzählt, wie es in den nächsten Tagen weitergeht und was wir auf jeden Fall immer im Ranzen haben müssen. Da habe ich natürlich Glück, denn wenn ich mal etwas vergesse, muss ich nur nebenan in unsere Wohnung laufen und es holen. Deswegen habe ich aber auch gar keinen eigenen Ranzen bekommen, sondern nur den alten von Ekkehard. Das fand ich nicht so gut, aber so schlimm jetzt auch wieder nicht. Wenn ich später mal auf die höhere Schule gehe, bekomme ich bestimmt meinen eigenen. Mutti möchte das nämlich unbedingt, also das mit dem Gymnasium.

Das einzig richtig Blöde gestern war nur, dass Mutti mir wieder diesen komischen Hahnenkamm frisiert hat. Ich mag den nicht, der sieht doof aus, so altbacken. Zöpfe kann man doch auch ganz keck mit Mittel- oder Seitenscheitel tragen! So wie all die Mädel in der Wochenschau, die wir in Frankfurtoder im Kino gesehen haben. Gerda findet das natürlich auch. Sie hat noch versucht, Mutti zu überreden, aber die findet nun mal den blöden Hahnenkamm fescher. Gerda hat nämlich auch so seidige dunkle Haare wie ich, aber sie hat sie nur bis auf die Schultern und trägt oft einen Reifen darin, damit man den Glanz sehen kann. DAS ist fesch!

Gerda ist wirklich besonders nett zu uns. Ari, Ekkehard und ich haben sie richtig gern. Sie ist auch sehr tüchtig, hilft Mutti im Haushalt und im Garten und ›mit uns‹. Ich finde ja, dass wir selber viel helfen. Also, ich jedenfalls. Die Burschen finden immer eine Ausrede. Ekkehard muss natürlich auch jeden Tag den langen Weg zum Gymnasium in Frankfurtoder. Deswegen kann der nicht so viel helfen. Aber Ari ist nicht so viel älter als ich, und der kommt bei Mutti immer davon.

Schade, dass Gerda nach ihrem Pflichtjahr dann wieder weg sein wird. Sie will später auf die Höhere-Töchter-Schule, sagt sie. Obwohl sie aus einer normalen Familie stammt, also nicht so was Hohes ist wie der Major vom Gutshof. Am liebsten will sie danach auch noch studieren. Das fände ich für mich auch gut, ich weiß nur noch nicht, was ich studieren soll. Blöd wäre, dass ich dann ja auch aus Matschdorf wegmüsste. Das möchte ich eigentlich nicht.

Gerdas Mutter will aber lieber, dass sie schnell einen Mann findet und den heiratet und Kinder bekommt. Gerda sagt immer, sie kann doch auch beides. Na, mal sehen. Bis Gerda uns verlässt, ist ja noch lange hin, Gott sei Dank.

Gestern Nachmittag haben wir dann noch alle zusammen Kaffee getrunken. Auch der alte Wittich war eingeladen, warum, weiß ich nicht recht. Vielleicht, weil der einsam ist? Mutti hatte einen saftigen Pflaumenkuchen gebacken, einen mit Gitter drauf, also einen ohne Hefe, weil es die gerade nicht gibt. Dafür gab es Schlagsahne, so viel ich wollte. Die hatte Oma Sobbels' Knecht aus Wiesenau gebracht. Extra für mich, weil es mein erster Schultag war! Darüber habe ich mich sehr gefreut, denn Pflaumenkuchen ohne Schlagsahne ist lecker, aber nicht soo lecker. Deshalb hat der Knecht dann auch ein Stück gekriegt. Und hinterher gab es für die Erwachsenen noch Likör aus Schlehen, den macht Mutti jedes Jahr selber.

Jetzt, wo ich in die Schule gehe, bin ich natürlich schon ein Stückchen mehr erwachsen. Das fühlt sich toll an. Aber trotzdem spiele ich am liebsten. Und am allerliebsten den ganzen Tag. Und meine Susi nehme ich überall hin mit, nur in die Klasse nicht.

Als ich mich mit Lotti und Susi gestern Abend noch auf dem Dachboden verstecken wollte, hat Mutti es uns verboten. Sie und der alte Wittich waren vorher zusammen oben und haben noch ein paar Gewehre dort abgelegt, die die Leute vorbeigebracht haben. Das ganze Dorf sammelt jetzt Waffen. Egal welche. Also, das Luftgewehr von Ekkehard liegt jedenfalls auch schon dort; darüber ist er sehr böse gewesen, weil das ein Geschenk von Oma war zu seinem Fünfzehnten. Er hätte sich aber nicht so aufregen müssen, finde ich, er kommt ja leicht dran, wenn er es braucht.

Mutti sagt, falls ›der Russe‹* kommt, dann werden alle, die schießen können, im Schulhaus eine Waffe bekommen und den Russen davon abhalten, unsere Äpfel zu klauen. Wir haben dieses Jahr aber so viele Äpfel, auch in Lottis Garten und im Schlosspark hängt alles voll. Ich finde, wenn der Russe nett fragt, kann man ihm doch welche abgeben, dann braucht er die doch gar nicht zu klauen.

Oktober 1944

Ich kann jetzt schon ganze Wörter buchstabieren. Das Fräulein hat Mutti erzählt, dass ich schlau bin, und das macht mich ziemlich stolz. Mutti hat aber gemeint, das wäre für eine Lehrertochter doch auch normal, und außerdem hätte Papa ja mit mir schon geübt. Das stimmt aber gar nicht, dafür ist Papa schon viel zu lange weg! Nur einmal, als er auf Fronturlaub war, haben wir zusammen unten am Steg Buchstaben in den Sand gemalt. Ich sollte versuchen, ›Gerlinde‹ zu schreiben. Das ist aber ein schwieriges Wort. Ich kann das erst seit letzter Woche richtig. Lotti prahlt schon lange damit, dass sie ihren Namen buchstabieren kann, aber ›Lotti‹ ist auch viel einfacher als ›Gerlinde‹, das hat ja nur fünf Buchstaben, und einer ist sogar doppelt!

Mutti will immer, dass ich besser bin als alle anderen. Und wenn ich es dann bin, dann soll ich eben noch besser sein, oder aber sie tut es ab. Das ist nicht gerecht, finde ich. Aber sie sagt dann immer, sie hätte auch früh gut sein müssen in der Schule und obendrein auf dem Hof von Oma Sobbels helfen. Muttis Papa ist im letzten Krieg geblieben. Und so waren sie dann allein auf dem Hof: Mutti mit ihrem Bruder, meinem Onkel Willi, und Oma. Sonst hätte Mutti womöglich auch studiert, wer weiß.

* Damaliger propagandageschuldeter Sprachgebrauch

Letzte Woche war Schlachtefest auf Oma Sobbels' Hof. Oma ist ja die Mutter von meiner Mutter und heißt eigentlich Lantzke, aber irgendwie sagen alle ›Sobbels‹, weil so heißt nun mal der Hof, den sie so halb geerbt hat und wo sie nun die Bauern-Ausgedingerin ist. Das bedeutet in etwa, dass sie dort immer wohnen und arbeiten kann, aber der Hof gehört eigentlich Onkel Willi. Oder so.

Und zu Mutti sagen sie deshalb nicht Elisabeth, sondern ›Sobbels Lieschen‹. Oma muss auf dem Bauernhof alles allein machen, seit ihr Mann im Krieg geblieben ist. Und ihr Sohn, mein Onkel Willi, der ist jetzt ebenfalls im ›Feld‹. Ich merke, dass Mutti und Oma beide Sorge haben, dass Onkel Willi auch im Krieg bleibt, so wie sein Papa. Ob Oma dann der ganze Hof gehörte, wo sie doch eh so viel darauf arbeitet, habe ich Mutti gefragt. Das wäre ja wohl nur gerecht. Doch die hat nur die Schultern gezuckt. Sie weiß es wohl auch nicht. Oder sie findet es nicht so wichtig.

Als ich noch kleiner war, habe ich das falsch verstanden und gefragt: »Warum kommen die Männer denn abends nicht einfach zurück vom Feld?« Jetzt weiß ich aber, dass sie Krieg meint, wenn sie ›Feld‹ sagt. Also ein anderes Feld, auf dem nichts wächst.

Na ja, so ganz allein ist Oma nicht. Sie hat noch den Knecht und die zwei Fremdarbeiter, einen aus Polen und einen aus Frankreich. Die wohnen auch auf dem Hof, in einer alten Scheune, die aber sehr gemütlich ist. Oma sagt immer, das sind anständige Kerle. Und dass sie die deutschen Männer ersetzen sollen, die ins ›Feld‹ gezogen sind. Onkel Willi zum Beispiel, Muttis Bruder, den sie so furchtbar lieb hat.

Und dann hat sie noch Palaschka, die stammt aus Russland und sie wohnt bei Oma im Haus und ist ihr Mädchen für alles. Sie ist 16, also ungefähr so alt wie Ekkehard. Obwohl Palaschka aus Russland kommt, ist sie sehr lieb. Sie hat nämlich selbst furchtbare Angst vor dem Russen. Das kommt, weil ihre Eltern tot sind – die hat der Russe beide erschossen. Und Palaschka war dabei. Sie hat das mit angesehen; das muss ganz schrecklich gewesen sein! Ich kann mir nicht vorstellen, dass ich das überstehen würde, wenn einer meine Mutti, meinen Papa oder meine Oma oder so erschießen würde. Vor meinen Augen! Dann würde ich auch sterben wollen.

Wie genau Palaschka eigentlich zu Oma Sobbels gekommen ist, weiß ich nicht; eines Tages im vorletzten Frühling war sie auf einmal da. Oma sagt, zwei deutsche Offiziere hätten sie bei ihr abgegeben, weil sie nicht gewusst hätten, wohin mit ihr.

Oma freut sich aber, dass sie bei ihr wohnt. »Weil die SS sie sonst wohl ins Jugendverwahrlager gebracht hätte, und das kann ja keiner wollen«, sagt sie. Palaschka freut sich ebenfalls, dass sie bei Oma sein darf. Glaube ich jedenfalls.

Auch wenn das natürlich nicht dasselbe ist, wie zu Hause bei ihrer eigenen Familie zu sein. Auf Omas Hof hat sie ihr eigenes Zimmer mit gehäkelten Gardinen, das war früher sogar mal Opas Zimmer. Wenn ich zu Besuch bin, dann kann ich dort bei ihr schlafen. Oma lässt Palaschka dann oft einen Ziegelstein in der Ofenröhre heiß machen, den wickelt sie in ein Leintuch und legt ihn mir ins Alkovenbett, bevor ich schlafen gehe. Das ist so herrlich gemütlich! Sogar im Sommer ist das fein, weil es auf dem Bauernhof eigentlich immer etwas klamm ist.

Manchmal kriege ich abends auch noch ein Glas euterwarme Kuhmilch – mit Honig, wenn ich ganz viel Glück habe –, und Oma erzählt mir und Palaschka noch eine Gute-Nacht-Geschichte. Palaschka stiert dann immer bloß an die Decke, oder sie macht die Augen zu und dreht sich zur Wand. Ein paarmal hat sie sogar geweint. Dabei versteht sie inzwischen fast alles, was wir sagen, und Omas Geschichten sind wirklich sehr schön zum Einschlafen. Vielleicht hat Palaschkas Mutti ihr ja früher abends auch immer eine Einschlaf-Geschichte erzählt, und es ist die Erinnerung daran, die sie so traurig macht. Das könnte ich wirklich sehr gut verstehen. Sie redet aber nie darüber, auch mit mir nicht. Denn auch wenn sie uns mittlerweile prima versteht, das mit dem Deutsch-Sprechen klappt bei ihr noch nicht so gut. Vielleicht mag sie aber auch einfach nicht. Das vermutet jedenfalls Cousine Mizzi. Lesen kann Palaschka auch nichts, weil die in Russland ganz andere Buchstaben haben als wir.

Trotzdem verstehen wir beide uns richtig gut. Sobald Oma nach ihrer Gute-Nacht-Geschichte aus dem Zimmer geht, kriegt Palaschka jedes Mal den Rest von meiner Milch.

* * *

Wenn die Ernte eingeholt ist, ist im ganzen Kreis Weststernberg immer die Zeit für Schlachtefeste. Die gibt es bei den russischen Bauern auch, hat Palaschka erzählt, und Oma Sobbels als echte Bäuerin macht es natürlich ebenso. Sie bestellt dann den Schlachter auf den Hof. Den muss sie viele Wochen vorher ›buchen‹, und wenn der kommt, schlachtet er eine oder mehrere von Omas Sauen. Die verarbeiten wir dann zu Blutwurst, Leberwurst, Braten und Räucherspeck und Schinken. Alle müssen helfen, vor allem Palaschka und Mutti, weil die beide sehr patent sind und weil es schnell gehen muss, damit nichts verdirbt. Ich möchte aber eigentlich immer erst später dazukommen, weil mir die Schweine so leidtun. Dieses Jahr ging das ganz gut, weil ich ja jetzt zur Schule gehe und vormittags noch nicht wegkann. Mutti ist daher schon vorgefahren gestern, und ich bin mit Aribert, Ekkehard und Gerda am späten Nachmittag hinterher.

Diesmal ist gottlob nur eine Sau geschlachtet worden. Die anderen sind noch zu klein. Da haben sie Glück gehabt! Die Bauern dürfen jetzt nur wenig von dem behalten, was sie an Fleisch haben. Das andere wird abgeholt und ›geht nach Berlin‹, sagt Mutti. Weil die da wenig oder nichts zu essen haben und es dort nur wenige Leute gibt, die überhaupt Schweine haben. Hier hat ja fast jeder ein Schwein. Nur der Lehrer und der Pfarrer nicht. Weil sich das für die nicht ›schickt‹. Sie kriegen aber auch genug von allen anderen geschickt!

Für uns gab es immer noch reichlich gestern, obwohl alle Nachbarn und Großvater Lilie, seine Frau, Tante Klara, Tante Bruna und Mizzi dabei waren. Ich mag bloß keine Blutwurst, und deshalb habe ich mir eine besonders dicke Pellkartoffel geholt und bekam dazu ein großes Stück gesalzene Butter. Die haben Palaschka, Tante Bruna und Oma Anfang letzter Woche selber gebuttert. Die Kartoffeln werden auf Omas Hof immer in einem großen Dampfkübel gedünstet. Oma hat mir erklärt, dass so die ›Vitamine‹ für die Schweine drinbleiben. Denn die meisten ihrer großen Kartoffeln sind für die Schweine reserviert. Irgendwie komisch. Wenigstens haben die vor dem Schlachten ein gutes Leben, also die Schweine, nicht die Kartoffeln.

Ich mag sowieso vieles gerne, was sonst die Tiere zu essen bekommen. Zum Beispiel Zuckerrübenschnitze für die Pferde, die finde ich köstlich, und ich kann gut verstehen, dass die Pferde sie gern mögen.

Omas Tiere haben es ziemlich passabel, finde ich, und all die Leute auf ihrem Hof auch. Auch wenn Mutti sagt, dass der Franzose und der Pole nicht freiwillig bei Oma sind. Die kommen schließlich auch aus dem Krieg. So wie Palaschka. Vielleicht wollten die zwei nicht mehr kämpfen gegen die Deutschen. Sonst würden sie ja wohl weglaufen.

* * *

Das Schlachtefest war ein großer Spaß, auch wenn ich dann doch noch zum Blutgrütze-Rühren kommandiert wurde und mir davon schlecht geworden ist. Palaschka hat das mitgekriegt und zu mir gesagt: »Gehst du weg! Machen Palaschka! Musst du holen Luft!«

Dann hat sie mich mit dem Eimer rausgescheucht zum Kohlenholen, und darüber war ich doch ziemlich froh.

Palaschka ist nicht nur sehr lieb, sie ist auch schon tüchtig erwachsen. Wenn sie mal Deutsch spricht, dann klingt das zwar ulkig, aber sie meint es meist nicht so. Komisch, Gerda ist viel alberner, obwohl sie bereits ein paar Jahre älter ist als Palaschka. Oma sagt, das liegt daran, dass Gerda ein ›behütetes Mädchen‹ ist. Ihre Eltern sind sehr wichtige Leute bei uns in Matschdorf, das merkt man, wenn Mutti und ich mal bei Gerdas Eltern zu Besuch sind. Die haben sogar so einen rot-weißen Wimpel, der hängt dort an der Garderobe im Flur. Und gleich zwei Führerbilder, eines auf dem Kaminsims und eines in der Küche neben dem Herd. Bei uns guckt der Führer in der Speisekammer missmutig auf die Erbsen zum Blindbacken. Mutti meint ganz im Ernst, das sei schließlich der beste Platz im Haus.

Gestern waren Gerdas Eltern nicht dabei, obwohl Oma sie eingeladen hatte. Gerdas Papa soll den Volkssturm organisieren. Das hat Oma zu Tante Klara gesagt und dabei das Gesicht verzogen, als würde sie in eine Zitrone beißen. Ich weiß nicht genau, was so ein Volkssturm ist, aber es klingt, als müsste man davor Angst haben. Als ich sie gefragt habe, wollte Oma nicht darüber reden. Sie hat meine Hand getätschelt und in ihrer beruhigenden Art gesagt: »Nu, Marjellchen, mach dir keenen Kopp, wird schon nich so weit kommen. Allet wird jut!«

Die Erwachsenen wurden später ordentlich aufgekratzt und fidel. Und als es dunkel wurde, haben sie alle angefangen zu singen. Auch Papas Lied von der Eilang, damit hat Mutti angefangen, und alle kannten das Lied.

Für die Kinder gab's am Abend noch Naute. So nennt sie Mutti. Oma sagt ›Judenhaut‹ dazu. Das sind zähe süße Salmis aus Rübensirup, mit Mohn überstreut, die Oma immer für uns im Ofen backt. Die kleben an den Zähnen, sind aber schrecklich lecker! Mutti hat wie immer mit Oma geschimpft, weil sie das Wort ›Judenhaut‹ so blöde findet. Aber Oma hat abgewunken und gemeint: »Sacht ma nu mal so, Lieschen. Ich hab's ja nich erfunden.«

Großvater Lilie hat später sogar Schnaps spendiert. Das war wohl etwas ganz Besonderes, denn alle sagten ah! und oh!, als er die Flasche hervorholte, und haben ihn auch ein wenig geneckt. Großvater ist nämlich ein bisschen geizig.

Er hat so herrlichen Wein an seinem Haus, im Herbst hängt der immer voll mit dicken gelben Trauben. Die esse ich für mein Leben gern! Doch immer wenn ich ihn mal frage, ob er mir welche pflückt – das darf ich nämlich auf keinen Fall selber tun –, dann tut und macht er stundenlang hin und her. Er tritt dann von einer Traube an die nächste, wägt ab, legt die Stirn kraus und kann sich einfach nicht entscheiden, welche Traube er denn nun für mich entbehren kann. So gar nicht wie in dem Gedicht über den Herrn Ribbeck, das Papa mich gelehrt hat.

»Wiste 'ne Traube?«, würde Großvater Lilie nie zu mir sagen.

Der ist ja immer eher so ein ganz christlicher und feierlicher. Kein Wunder, dass er seinen einzigen Sohn Bernhard-Ernst genannt hat. Papa ist aber alles andere als ernst, der kann lachen, bis ihm die Tränen kommen. Das finde ich großartig, weil das so ansteckend ist: Am Ende lacht einfach jeder mit!

Nicht bloß dafür, aber natürlich auch für die ›Lach-Attacken‹, wie Mutti sie nennt, hat er immer ein weißes Taschentuch in der Jacke, das Mutti sehr hübsch mit seinem Monogramm bestickt hat. Das hat er auch mitgenommen ins ›Feld‹.

»Ich bin bestimmt der einzige einfache Gefreite mit einem monogrammierten Batist im Ärmel!«, hat er bei seiner letzten Abreise gelacht und Mutti über die Wange gestreichelt.

Mutti sah dabei aus, als würde sie gleich in Tränen ausbrechen, aber nicht vor Lachen. Sie weint eigentlich nie und hat dann nur das Gesicht verzogen, als hätte sie fiese Zahnschmerzen.

Gestern war Papa beim Feiern natürlich auch wieder nicht dabei, und Mutti hat lange Zeit ganz unglücklich dreingeschaut. Wenn ich das sehe, dann macht mich das jedes Mal auch jämmerlich.

Von Schnaps werden die Erwachsenen aber irgendwann richtig kindisch, Mutti gestern auch. Sie fand es wohl schön, dass mal wieder gesungen wurde. Sie mag das nämlich sehr, genau wie ich. Ich durfte extra lange aufbleiben, und als es dunkel war, hatte Mutti ganz rosa Backen und hat mich auf den Schoß genommen. Ich habe mich gefreut, dass sie mal wieder ein bisschen fröhlich war. Tränen gelacht hat aber dann doch keiner.

1. Dezember 1944

Schule gibt es jetzt nicht mehr. Für keinen von uns. Das Fräulein ist zurück zu ihrer Familie nach Brandenburg gegangen.

Die brauchen mich da, hat sie letzte Woche gesagt.

Sie stand mittags nach dem Unterricht vor unserer Wohnungstür und bat Mutti »auf ein Wort«. Die hat sich erst gefreut, weil sie so selten netten Besuch bekommt in letzter Zeit, und hat ihr in der Küche gleich eine Tasse Tee angeboten. Ich durfte sogar dabeibleiben, weil ich gerade beim Kartoffelschälen geholfen habe. Nach ein paar Komplimenten zu Muttis selbst gehäkelten halben Gardinen hat das Fräulein auf einmal begonnen herumzudrucksen. Sie hat gemeint, sie könne es nun mal nicht ändern: Ihre Eltern und ihre Geschwister bräuchten jetzt dringend ihre Hilfe. Mutti hat ihr das irgendwie nicht abgenommen, das habe ich gleich gemerkt. Doch sie hat nichts gesagt, wirklich kein einziges Wort. Das war fast ein wenig peinlich, weil es auf einmal so still war. Man konnte sogar mein Messer hören! Sie hat nur die Schultern gezuckt, ist aufgestanden und hat sich brüsk abgewendet. Den Tee hat das Fräulein dann nicht mehr ausgetrunken.

Ich finde es so schade, dass nun keine Schule mehr ist! Das Lernen hat mir richtig Spaß gemacht, vor allem das Lesen und Schreiben. Außerdem ist ja im Winter eh nicht so viel anderes Spannendes zu tun.

Hoffentlich ist der Krieg bald aus; dann kommt Papa wieder, und dann gibt es auch wieder Schule. Auch wenn die bei ihm bestimmt nicht so spaßig wird wie bei dem Fräulein. Egal.

Gestern hat es tüchtig geschneit, und Ari und Ekkehard können ihre Skier benutzen, um zur Schule nach Frankfurtoder zu laufen. Ari darf jetzt ja auch aufs Gymnasium. Sie finden das Skifahren ›kollosiv‹. Ich dagegen muss jetzt andauernd Mutti im Haushalt helfen, und das finde ich kollosiv ungerecht!

In fünf Tagen ist aber bereits Nikolaus, und darauf freue ich mich schon wie toll. Und danach kommt bald Weihnachten, und vielleicht kommt ja Papa auf Fronturlaub aus Frankreich. So als Überraschung! Wenn ich Mutti danach frage, macht sie immer ein komisches Gesicht. Deswegen glaube ich, dass sie etwas Großes für uns plant. Ich bin schrecklich gespannt und kann es kaum abwarten.

Ach, was freue ich mich auf Weihnachten!

Elisabeth

21. Dezember 1944

Vielleicht gehen wir am Wochenende. Oder doch besser schon morgen? Vollmond ist erst am 29. Dezember. Ich weiß es einfach nicht. Es ist so schrecklich kalt da draußen. Räumen tut auch schon lange keiner mehr.

Ich habe schon vor Tagen alles gepackt. Viel passt ja eh nicht in die drei Rucksäcke. Gerlinde ist noch zu klein, sie soll nichts tragen, sondern Ekkehards Hand halten im Dunkeln. Aribert hat erzählt, es sind Tannenzweige auf die Eisfläche gesteckt worden, da findet man sich hoffentlich auch im Dunkeln zurecht. Übermorgen ist Vollmond.

Wann soll ich die Kinder wecken? Oder soll ich sie einfach wach halten? Vor zehn Uhr abends traue ich mich nicht loszugehen, da läuft der alte Wittich manchmal noch die Hauptstraße entlang, wenn er aus dem Wirtshaus kommt. Trinken geht immer, sagt er. Und was soll er auch anderes tun an den langen Winterabenden, so allein, wie er ist? Seit seine Frau vor fünf Jahren gestorben ist, kommt er zwar leidlich zurecht. Gut, dass Jettchen das Elend nicht mehr mitkriegt, sagt er immer. Es tut mir leid, dass er schon wieder ein Weihnachtsfest allein erlebt. Zu uns kann er nicht kommen, die Leute würden reden. Außerdem bin ich zu nervös.

Obwohl die Kinder das wohl schön fänden. Wittich kann recht amüsante Sachen erzählen, wenn er dazu aufgelegt ist. Vor allem nach ein, zwei Hellen. Aber er würde es mir anmerken.

Es darf einfach niemand etwas mitbekommen, hat Willi mit Feldpost geschrieben. Das war schon ein Risiko für sich. Wir sollen so unauffällig wie möglich gehen. Nicht, dass noch einer was mitkriegt und uns wegen Zersetzung anschwärzt. Das hat er natürlich nicht so ausgedrückt, aber ich kenne meinen Bruder, und ich weiß immer, was er wie meint.

Gestern habe ich noch die Spanngurte aus der Garage geholt, damit können wir uns aneinanderbinden, falls nötig. Wenn nicht, dann gebrauchen wir sie für den Treck. Ich war erstaunt, dass sie überhaupt noch da waren. Von Bernhards Wagen ist nur noch das Chassis übrig. Alles andere haben sie in den letzten Monaten abgebaut. Erst nur die Räder; da haben sie sogar noch Bescheid gesagt. »Von Amts wegen konfisziert«, hieß es. Mit so einem abgestempelten Hakenhabicht haben sie mir vor der Nase rumgefuchtelt, als ich protestiert habe: dass der Lehrer, Küster, Organist und Standesbeamte von Matschdorf sein Fahrzeug doch braucht, wenn er wiederkommt! Wenn er denn wiederkommt.

Da hat sich doch dieser kleine Wichtigtuer vor mir aufgebaut und mich angeraunzt, ob ich noch immer nicht wisse, was auf dem Spiel stünde? Der Endsieg sei zum Greifen nahe und da müsste eben jeder Volksgenosse Opfer bringen.

»Kröppen Se sich ma nich so uff, junge Frau!«, hat er gemeint. »Se können ja sowieso nich fahren.«

So ein Hundertfuffzigprozentiger aus Pankow, der sich hier nun großtut! Zu Kaisers Zeiten hätte Mutter dem noch flinke Beine gemacht.

Jedenfalls haben sie dann erst nur zwei Räder mitgenommen. Als ob damit der Krieg zu gewinnen wäre. Beim zweiten Mal kam dann so ein Jungspund, der hat nur den Kopf zur Schultür reingesteckt und gefragt, ob wohl der Schuppen offen sei. Als hätte er bei uns Hausrecht! Wenig später ist er dann mitsamt Handkarre und den beiden Hinterrädern wieder verschwunden.

Na, und in den letzten vier Wochen haben dann die Scheinwerfer und die Vordersitze Beine gekriegt. Und so ganz en passant noch das ein oder andere nützliche Teil aus dem Schuppen.

Dann die Seitenspiegel und letzten Mittwoch die Scheibenwischer. Gott weiß, was an denen kriegswichtig sein mag.

Die Gurte stecke ich in die Manteltasche, da habe ich sie dann gleich griffbereit. Wir können ja sonst kaum etwas mitnehmen. Wenn uns des Nachts doch noch jemand auf der Straße begegnet, müssen wir so tun können, als wollten wir bloß kurz nach Wiesenau, Festtagsbesuch bei Großvater Ernst, weil dem nicht gut ist. Oder was auch immer mir dann einfällt.

Ernst hat es ja wirklich mit dem Herzen, das weiß hier auch jeder, also ist das plausibel. Warum wir im Stockfinstern gehen, schon weniger. Aber darum mache ich mir Gedanken, wenn es dazu kommt.

Ekkehard hat schon im Herbst mein Aussteuersilber und Bernhards Erstausgaben in einen Blechkasten gepackt und hinten im Garten vergraben. Ich fand's erst übertrieben …

»Die braven Volksgenossen List und Hinterlist, Mutti!«, hat er grinsend gemeint.

Gut hat er daran getan! Nun ist schon Gras drüber gewachsen – beinahe im Wortsinne. Und seit drei Wochen liegt hoch Schnee obendrauf.

24. Dezember 1944

Wir gehen heute Nacht. Heiligabend bleiben nach dem Gottesdienst immer alle Leute zu Hause. So werden wir hoffentlich von niemandem gesehen. Den Kindern sage ich es nach der Bescherung. Erst essen wir noch den Karpfen, den Wittich uns vor zwei Wochen gebracht hat. Gerlinde wird Rotz und Dreierschnecken heulen, wenn ich ihn schließlich aus dem Badetrog hole. Wie jedes Jahr. Immerhin lenkt sie das vielleicht etwas ab.

* * *

Zieht so viel übereinander, wie ihr könnt!, sage ich um halb elf zu den Kindern.

Die Bescherung haben wir zuvor noch hinter uns gebracht; viel gab's ja nicht dieses Jahr. Jetzt ist es allerhöchste Zeit.

Es ist bitterkalt da draußen. Gerlinde will keine zwei Paar Socken anziehen, weil ihr dann die Schuhe drücken. Ich zwinge sie dazu. Sie quengelt, ist müde, will, dass wir es uns ›gemütlich machen‹ und sie später dann auf dem Sofa einschlafen kann, wie sonst jedes Jahr und nur am Heiligen Abend. Jetzt will sie unbedingt ihre Susi mitnehmen und fängt an zu heulen. Ich lüge sie an und sage: »Die holen wir später, die hat doch Angst im Dunkeln!«

Die Zuckerstangen vom Baum dürfen sie mitnehmen, wir wickeln sie in Butterbrotpapier, und ich stecke sie Gerlinde in die Manteltasche. Pass gut darauf auf! Das ist jetzt deine Aufgabe, schärfe ich ihr ein. Sie nickt und beruhigt sich etwas.

Ari will seinen neuen Ranzen mitnehmen. Na gut, den kann er sich zusätzlich auf den Rücken schnallen. Ekkehard versteht natürlich schon, was jetzt kommt. Er ist sehr still und wirkt konzentriert, er macht mir keine Scherereien, wie sonst eigentlich stets.

Als wir das Haus verlassen, ist draußen alles totenstill. Leider ist es wolkenverhangen, und wir sehen trotz zunehmendem Mond kaum die Hand vor Augen. Ari soll Gerlinde bis zum Ufer bei der Hand halten und sie unter keinen Umständen loslassen, das schärfe ich ihm ein.

Die Taschenlampe dürfen wir erst in Ufernähe benutzen. Der Schnee liegt knöchelhoch, unsere Spuren wird man morgen früh wohl sehen. Sei's drum. Ist ja nicht verboten, mit seinen Kindern zu Verwandten zu gehen. Nur gefährlich ist es. Unverantwortlich, werden einige sagen. Aber dann sind wir weg.

Unverantwortlich ist es wohl eher, hierzubleiben.

Die große Brücke Richtung Frankfurt haben sie schon vor vier Wochen gesprengt. Wahrscheinlich in Erwartung des nahenden Endsiegs? Was für eine Posse! Sie nehmen damit billigend in Kauf, dass alle hier im Dorf zu Kanonenfutter werden, wenn der Russe kommt.

Dahinten ist die lange Reihe Pappeln zu erkennen, die den Uferstreifen säumt. Ich bete, dass wir gleich die Tannenzweige erkennen, die unsere Treppenterrier * vorgestern auf dem Eis gesteckt haben. Sie sollen markieren, wo die Eisfläche schon dick genug ist, um eventuell mit dem Fuhrwerk darüberzufahren. ›Für alle Fälle‹! Ausprobiert hat das natürlich noch niemand. Nicht überall war das Eis auf der Oder letzte Woche bereits dick genug. Es wird ja auch überall eingeleitet. Und an solchen Stellen kann man jederzeit einbrechen. Letzte Woche ist noch der Hund von Kranskes verschwunden, wahrscheinlich auch in der Oder ertrunken.

Immerhin hat es seither jede Nacht gefroren. Aber eben auch geschneit. Wenn wir die Zweige nicht finden, müssen wir umkehren. Ich werde nicht das Leben meiner Kinder aufs Spiel setzen. Obwohl ich das auch tue, wenn wir in Matschdorf bleiben.

Die Kinder sind nicht schwer, Gerlinde ist ein Fliegengewicht, ich bin auch nicht gerade eine Rubensfigur. Das wird schon.

Mir klopft das Herz bis zum Hals, als wir in die Nähe des Ufers kommen. Ekkehard macht die Taschenlampe an. Wir sehen: nichts. Dass hier ein Flussbett ist, man kann es nur ahnen, weil der Boden etwas abschüssig ist. Die Tannenzweige sehe ich auch nicht, Himmelherrgott!

Der Schnee ist nun schon kniehoch. Gerlinde kann hier nicht mehr laufen. Ich sage Ekkehard, dass er sie von jetzt an tragen muss. Er murmelt etwas wie: »Tragen und Leuchten geht nicht, Mutti.«

* Spöttische Bezeichnung für die von der NSDAP eingesetzten ›Blockwarte‹

Also nehme ich die Taschenlampe an mich. Wir gehen vorsichtig den kleinen Abhang hinunter. Unmöglich zu erkennen, wo der Fluss bzw. die Eisfläche anfängt und das Ufer aufhört. Ich glaube zu wissen, dass wir uns weiter rechts halten müssen, das ist aber nur so ein Gefühl. Die Kinder sind ganz still, und wir hören nur unseren Atem und das Knirschen unserer Schuhe im Schnee.

Auf einmal sacke ich ein, unter mir ist nichts als, ja was? Ich befürchte, jeden Moment durch die Eisfläche zu brechen, sind wir denn schon auf dem Wasser? Ich bin verwirrt und verliere die Taschenlampe. Bis zum Hals stecke ich in einer Schneewehe fest und kann mich nicht bewegen. Es ist stockfinster. Gerlinde beginnt zu schreien: »Mutti! Wo bist du?«

Ekkehard schnauzt sie an, sie soll still sein.

»Mutti?«, ruft nun auch er leise nach mir.

»Ich bin hier«, sage ich. »Ich glaube, ich bin in eine Schneewehe gesackt.«

Ekkehard setzt Gerlinde ab und bedeutet ihr, sich nicht vom Fleck zu rühren. Sie beginnt wieder zu weinen.

»Wir müssen Mutti ausgraben«, sagt Ekkehard zu Aribert. »Stell deinen Rucksack neben Gerlinde ab!«

Beide robben nun auf dem Bauch auf mich zu und beginnen um mich herum mit bloßen Händen zu schaufeln wie die jungen Hunde. Gerlinde jammert, heult und ruft nach mir.

»Bleib, wo du bist!«, raunzt Ekkehard sie flüsternd an.

»Muttiii«, schluchzt sie jetzt etwas leiser und umso jämmerlicher.

Ich versuche, irgendwie mitzuhelfen beim Buddeln. Doch ich stecke wie in einem Kokon verpackt im Schnee fest. Nach ein paar Minuten haben sie mich bis zur Hüfte ausgegraben. Doch noch immer komme ich nicht raus aus dem Loch, das mein Körper in den Schnee gedrückt hat. Meine Söhne schnaufen vor Anstrengung. Ekkehard japst: »Wir haben es bald!«

Nach einer gefühlten Ewigkeit kann ich meine Beine wieder anheben und robbe ebenfalls bäuchlings in Richtung des Weges, auf dem wir gekommen sind. Die Jungs sind fix und fertig, sie keuchen vor Anstrengung. Wir kehren zu Gerlinde zurück, die sich an mein Bein klammert und nun wieder lauter heult.

»Das war die falsche Stelle«, sage ich, überflüssigerweise.

»Los. Probieren wir es weiter in Richtung der ehemaligen Brücke.«

»Ich will nach Hause«, weint Gerlinde.

Ekkehard nimmt sie wieder auf den Arm.

»Das geht jetzt nicht, Lili«, sagt er zu ihr. »Wir müssen doch zu Großvater!«

»Warum können wir das denn nicht tagsüber machen?«

»Es soll eine Überraschung werden«, antwortet er ihr.

»Aber Großvater schläft doch bestimmt schon, wenn wir kommen!«, jammert Gerlinde, die man nicht so leicht hinters Licht führen kann.

»Na, aber morgen früh, wenn er aufsteht, sind wir schon da«, improvisiert Ekkehard. Er weiß, dass wir zu Mutters Hof gehen, nicht zu Schwiegervater Ernst.

»Was meinst du, wie der sich freut!«

Ich bin ein bisschen stolz auf meinen 16-Jährigen. Er versucht, der Mann im Haus zu sein, seit Bernhard an der Front ist. Viel zu erwachsen ist er. Und gerade in dem Alter, wo sie ihn vielleicht doch noch ziehen. Dem einen ist er halt ein Jungscher, dem anderen schon Volkssturm.

Auch deshalb müssen wir weg, bei all dem Rekrutierungs-Wahnsinn, den sie jetzt noch verzapfen.

Nachdem wir alle ein bisschen verschnauft haben, versuchen wir – nun ohne Taschenlampe – den Weg auf die Eisfläche zu finden, dort, wo sie angeblich markiert sein soll. Gottlob lichten sich die Wolken ein wenig, so dass der Mond uns etwas Licht schenkt.

»Da!«, sagt Ekkehard. »Da vorne ist es!«

Und tatsächlich, im Zwielicht sieht man die eine glatte, unberührte Schneefläche und darauf eine doppelte Linie dunkler Punkte, die im Abstand von etwa zwei Metern eine Art Schneise markiert. Wie ein Kettelsaum, denke ich und schelte mich zugleich, dass mir jetzt dieser dumme Vergleich einfällt. Ich muss mich konzentrieren.

»Bleibt hinter mir!«, beordere ich Ekkehard.

»Du hältst ab jetzt immer etwa drei Meter Abstand zu mir!«

Wenn ich einbreche, müssen die Kinder weit genug weg sein. Das mit den Gurten war eine Schnapsidee. Abstand ist sicherer als Anleinen. Mir bricht trotz der Kälte am ganzen Körper der Schweiß aus. Warum habe ich auch so viel in den Rucksack gepackt! Er zieht an meinen Schultern, und ich hoffe, dass ich damit nicht zu schwer bin. Ich setze vorsichtig einen Schritt vor den anderen und lausche auf das Knacken der Eisfläche unter mir.

»Wenn's knackt, ist das ein gutes Zeichen«, hat Bernhard vorletzten Winter gemeint, als wir alle auf der Eilang Schlittschuh laufen wollten. Aber die friert ja auch viel schneller zu, ist ja ein Rinnsal, verglichen mit der Oder.

In Richtung des markierten ›Saumes‹ (warum werde ich jetzt dieses Bild nicht mehr los?) sind Spuren im Schnee.

Sieht aus wie von einem Reh, sagt Aribert, und ich schöpfe Hoffnung. Denn die Spuren führen direkt auf die Eisfläche, geradewegs zu den Tannenzweigen. Kluges Tier, denke ich flüchtig. Und kalkuliere, dass ein ausgewachsener Bock weit über 100 Kilo wiegen muss. Also deutlich mehr, als die Kinder oder ich einzeln auf die Waage bringen. Selbst mit Rucksack. Allerdings verteilt er sein Gewicht auch auf vier Hufe. Ist das jetzt gut oder schlecht? Mein Kopf dröhnt, ich kann nicht mehr denken, geschweige denn rechnen.

»Das ist gut!«, sage ich laut und betont munter in Richtung der Kinder.

»Lasst uns sehen, ob die Spuren in etwa an der gesteckten Strecke entlangführen.«

Das tun sie, jedenfalls für ein paar Meter. Dann schieben sich Wolken vor den Mond, und wir können kaum noch die Hand vor Augen sehen. Die Kinder werden wieder schneller. Sie schließen zu mir auf.

»Abstand halten!«, kommandiere ich über die Schulter nach hinten.

»Aber ich kann Mutti nicht mehr sehen!«, jammert Gerlinde.

Ihr Stimmchen bricht mir fast das Herz.

»Wir haben es gleich geschafft«, sagt Ekkehard zu ihr.

Er atmet schwer, trägt sie jetzt ja schon eine ganze Weile auf dem Arm.

»Setz Gerlinde ab!«, rufe ich ihm zu. »Haltet euch an den Händen!«

Sie tun, was ich sage. Meine Füße tasten sich langsam weiter vor, die Rehspuren sind verschwunden, aber ich kann die Tannenzweige wieder sehen. Wir müssen schon mehr als die Hälfte hinter uns haben, denke ich, als es unter uns einen dunklen, nachhallenden Knall gibt, als wäre tief im Boden ein Stahlseil gerissen. Gerlinde schreit auf und beginnt panisch nach mir zu rufen. Die Jungs sind wie festgenagelt stehen geblieben.

»Das ist ein gutes Zeichen!«, rufe ich ihnen zu. »Das Eis ›arbeitet‹, hat Papa gesagt. Das Knallen macht es immer, wenn es wächst!«

Ich mache mir damit selbst mindestens ebenso viel Mut wie den Kindern. Nach etwa zehn Minuten spüre ich, wie der Schnee tiefer wird und unter meinen Füßen ein etwas anderes, irgendwie kompakteres Geräusch macht.

»Ich glaube, ich bin drüben!«, rufe ich den Kindern zu, woraufhin sie schneller zu werden beginnen.

»Langsam und hintereinander!«, schnauze ich sie an. Meine Nerven liegen blank, ich sollte positiver klingen, nicht so panisch. Reiß dich zusammen!

Kurz darauf erreichen wir die andere Uferseite und kämpfen uns erneut durch den hohen Schnee, diesmal die Böschung hinauf. Oben angelangt, bin ich einerseits völlig erledigt, andererseits wie aufgezogen und merkwürdig euphorisch. Trotz der Kälte kleben mir die Unterkleider schweißnass an der Haut.

»Das habt ihr gut gemacht!«, lobe ich und wische der schniefenden Gerlinde mit dem Handschuh über die Wange. Alle drei sind vollkommen fertig und die beiden Kleinen total verängstigt.

»So«, sage ich kurz entschlossen, »wir lassen jetzt alles Gepäck hier liegen und gehen nur mit der Taschenlampe nach Wiesenau zu Großvater. Jetzt nur noch zwei Kilometer Straße, und dann sind wir da.«

Gerlinde greift nach meiner Hand und lässt sie bis zu Mutters Hofpforte nicht wieder los.

Schau nicht hin

Gerlinde

15. Januar 1945

Vor Omas Sobbels' Scheune stehen fünf Pferdegespanne. Alle mit einem großen Wagen dahinter. Und mit dicken Planen drüber. Wir haben auch einen, da sind jetzt all unsere Sachen drauf. Na ja, jedenfalls die, die wir mitnehmen können. Mutti sagt, wir müssten vielleicht bald damit wegfahren, alle zusammen. Deshalb haben sie, Oma Sobbels und die anderen Frauen die Wagen schon seit Wochen gepackt und im Heuschober untergestellt. Das hat keiner von uns mitbekommen! Wir haben uns nur gewundert, warum Mutti so oft zu Oma gegangen ist.

Weg müssen wir aber nur, wenn der Russe wirklich kommt. Damit keiner merkt, was Mutti und die anderen hier in Wiesenau planen, sind wir mitten in der Nacht weg aus Matschdorf. Am Heiligen Abend! Das war schrecklich. Ich habe einmal wirklich geglaubt, Mutti ist tot! Sie ist in einer Schneewehe versackt. Man konnte sie nicht mehr sehen, und ich dachte, sie erstickt. Und dann hat das Eis so furchtbar geknackt, ich hatte solche Angst, dass wir alle sterben!

Als wir dann auf dem Hof von Oma Sobbels ankamen, anstatt bei Großvater, hat sich auch keiner richtig gefreut, so wie Mutti und Ekkehard das versprochen hatten. Alle waren ganz ernst und sahen traurig aus. Und von Großvater Lilie keine Spur.

Mutti und Tante Klara haben mir erklärt, dass uns nichts passiert, weil wir ja die Wagen haben und rechtzeitig damit wegfahren, wenn der Russe über die Oder kommt. Und dass die deutschen Soldaten den Russen sowieso vorher aufhalten. Man hört aber schon seit Sonntag so ein Gerumpel und Gedonner. Und Tiefflieger sind gestern auch über uns hinweggeflogen!

»Die deutsche Luftwaffe wirft jetzt wohl Bomben auf den

Russen«, sagt Ekkehard. »Damit der nicht nach Matschdorf kommt. Oder vielleicht sogar über die Oder bis zu uns.«

* * *

Ari und ich haben schon mal ausprobiert, wie das ist, in den Plankarren zu schlafen. Eigentlich ist es recht gemütlich, wenn es nur nicht so furchtbar kalt gewesen wäre! Ekkehard meint, dass wir ja alle vier darin schlafen würden und dass wir uns dann gegenseitig warm halten. Und unsere Federbetten hätten wir dann auch dabei. Ich stelle mir das ganz kuschelig vor, aber auch ziemlich eng.

Ich bin eigentlich sehr gern bei Oma Sobbels auf dem Hof, aber es ist Winter, und ich darf nicht länger raus zum Spielen.

Weil du dir dann die Schuhe ruinierst, sagt Mutti.

Das ist so doof. Ich wäre so gern zu Hause in Matschdorf, da habe ich auch Gummigaloschen. Ich würde meiner Freundin Gitta meine Weihnachtsgeschenke zeigen. Und sie mir ihre. Und dann würden wir den ganzen Nachmittag damit spielen, und irgendwann käme dann Mutti und hätte eine heiße Schokolade für uns. Darüber bin ich am meisten traurig: Ich habe hier keine Freundin, nur Mizzi, meine kleine Cousine. Aber das ist nicht dasselbe, weil sie wirklich viel kleiner ist als ich. Na ja, und Palaschka. Aber die ist gleich viel älter als ich. Palaschka nehmen wir mit, wenn wir ›rausmüssen‹.

»Die hat solche Angst vor dem Russen, die würde sich wohl eher einen Strick nehmen«, hat Oma gestern gesagt.

Ich weiß nicht, was das mit dem Strick heißen soll, aber ich will unbedingt, dass Palaschka mitkommt, weil ich sie sehr lieb habe. Und was man gernhat, das lässt man nicht einfach so zurück. So wie meine Susi! Jetzt muss ich schon wieder weinen. Mutti hat mich richtig fies angelogen und gesagt, ich könne Susi nicht mitnehmen, die hätte Angst im Dunkeln, deshalb müsse ich sie zu Hause lassen. Aber das stimmt gar nicht, denn Susi hat ja viel mehr Angst, wenn sie allein ist! Warum hat Mutti denn nicht eher etwas gesagt, dann hätte ich meine Puppe doch schon früher mal mit zu Oma nehmen können. Dann könnte sie mit uns zusammen auf den Wagen, wenn wir wegmüssen. Stattdessen sitzt sie jetzt mutterseelenallein und furchtbar einsam in unserem Wohnzimmer und wartet darauf, dass ich wiederkomme. Und wenn der Russe kommt, dann macht er sie bestimmt kaputt! Der mag nämlich keine kleinen Mädchen, überhaupt mag der keine Kinder und Puppen schon mal gar nicht.

Ich bin so traurig. Und richtig wütend auf Mutti.

Elisabeth

29. Januar 1945

Dieses Gejammere geht mir auf die Nerven. Jeder hier meint nur, er hätte ach so viel zu verlieren! Haben wir doch wohl alle. Wer ist denn nachts über die Oder und wäre beinahe in einer Schneewehe verreckt? Gerlinde will mir seither kaum vom Bein gehen. Das geht mir auf die Nerven, obwohl ich weiß, dass ich ihr damit unrecht tue.

Neuerdings fabulieren hier alle über ›Volksopfer‹: »Jeder gibt, was er entbehren kann!« Das ist die neueste Losung für den Endsieg. Die Kommissköppe können ja alles gebrauchen, von der Unterbuchse bis zur Mistgabel.

Nur zu, nehmt hin, bedient euch! Daheim in Matschdorf steht die ganze Bude voller Zeugs, das ich bereits ›geopfert‹ habe.

Draußen warten nun seit über drei Wochen die gepackten Wagen, aber niemand will so recht los. Stattdessen endlose Debatten um das Für und Wider. Bernhard hätte schon längst ein Machtwort gesprochen, wäre er jetzt hier. Dabei hören wir schon Detonationen. Gestern klang es gar, als käme gleich so ein Riesenkracher auf Willis Kuhweide runter. Na, da war vielleicht was los im Staate Dänemark! Vorgestern kamen dann auch noch Tiefflieger. »Aufklärer«, hat Schwägerin Bruna gemeint. ›Schönquasseln‹ würde Bernhard das nennen …

Aber offenbar reicht all das nicht, um sich endlich Richtung Westen aufzumachen. Wahrscheinlich wollen sie den Russen erst noch riechen können, bevor sie abhauen und ihm endlich das teure Vieh überlassen. Wenn es nach mir ginge, wir wären schon längst weg und in Beeskow in Sicherheit. So weit ›sicher‹ heutzutage überhaupt noch ein verlässlicher Begriff ist. Wie sicher wäre ich allein mit drei Kindern auf einem Planwagen im Schnee, von oben und allen Seiten sichtbar wie eine Wunderkerze?

Jetzt hocken wir hier mitten in der Nacht im Keller wie die Karnickel im Loch, während hinten im Garten die Wehrmacht auf die Rote Armee zu feuern scheint. Oder wer sollte es sonst sein? Die Polen? Alle zusammen wahrscheinlich. Wenn sie so nah dran sind, dann sind sie jetzt auch schon in Matschdorf. Nicht auszudenken, was da jetzt los ist! Warum sind wir nicht bloß allesamt früher weg?

Bloß nicht dran rühren! Das war ja immer die Devise. Mein Gott, ich hätte darauf bestehen müssen, dass Gerda uns begleitet! So ein hübsches junges Ding, das lässt der Russe bestimmt nicht ungeschoren. Nicht auszudenken, sie ist ja kaum älter als Ekkehard.

Ob sie die Waffen auf dem Dachboden schon gefunden haben? Wen sie dafür jetzt wohl an die Wand stellen? Das Schulhaus ist ja leer, da ist ja keiner mehr verantwortlich. Ob der Russe nach Verantwortlichkeiten fragt?

Es war schon richtig, auf mein Bauchgefühl zu hören. Es war höchste Zeit, uns in Sicherheit zu bringen. Aber wenn sie so nah dran sind, dann sind sie bald auch über die Oder.

Mein Gott, wir müssen hier raus. Im Morgengrauen, spätestens. Und wenn ich eben doch allein mit den Kindern losfahre.

Gerlinde

30. Januar 1945

Ich will nicht hier im Dunkeln sitzen! Hier ist es feucht und kalt, und es riecht modrig. Es ist so gruselig. Wir haben nur ein mickriges Talglicht, das Klara in der Mitte aufgestellt hat.

Mutti ist böse auf irgendwas; aber ich habe gar nichts gemacht. Sie hat mir die Ohrringe rausgenommen, falls der Russe kommt und sie mir aus den Löchern reißen will.

Ekkehard kaut schon seit einer Stunde auf einem Streichholz herum und hat seit einer Ewigkeit nichts mehr gesagt. Nur Ari pennt. Der kann überall schlafen, das war schon immer so. Von draußen hört man Schüsse. Nur ganz leise. Aber es klingt trotzdem gespenstisch.

Das sind die deutschen Soldaten, meint Oma leise zu mir, aber so, dass es alle hören.

Die beschützen uns, sagt sie und tätschelt meine Hand. Die lassen den Russen schon nicht rein.

Palaschka betet. Auf Russisch. Immer wieder von vorn. Jedenfalls glaube ich, dass sie betet. Ich verstehe ja leider nicht, was sie sagt. Es hört sich aber immer gleich an, und sie hat dabei die Augen zu. Eigentlich klingt es ganz hübsch; wenn wir jetzt in unserem Zimmer wären, könnte ich bestimmt prima dabei einschlafen. Ach, ich wünschte, es wäre schon morgen früh! Dann gäbe es wenigstens wieder Licht. So ist es nur finster und einfach fürchterlich unheimlich. Ich habe Angst, und mir ist so kalt. Oma hält meine feuchte Hand jetzt ganz fest.

Keiner sagt was.

Da sind Schritte! Jemand kommt von draußen auf die Tür zu. Ganz viele Schritte sind das! Ich klammere mich an Mutti. Jetzt hämmert jemand an die Tür. Palaschka quiekt leise, es klingt wie bei einem ganz kleinen Ferkel. Sie kriecht zu mir herüber und versucht, sich hinter meinem Rücken zu verstecken.

»Hallo?«, schreit eine Männerstimme. »He, ist da jemand drin?«

»Das sind Deutsche!«, seufzt Oma erleichtert.

Großvater Ernst ist als einziger erwachsener Mann auch mit uns im Keller. Jetzt steht er ächzend auf und geht zur Tür. Er entriegelt sie, und draußen stehen drei Soldaten in grauer Wehrmachtsuniform, so eine, wie Papa sie hat. Einer leuchtet mit einer Taschenlampe die Treppe hinunter, Großvater direkt ins Gesicht. Großvater ist kalkweiß, er sieht aus, als hätte er den Teufel gesehen.

»Meine Güte, was macht ihr denn hier?«, ruft der Soldat mit der Taschenlampe. Er wirkt, als wäre er richtig böse auf uns. Dabei kennen wir den gar nicht!

»Ihr müsst abhauen! Jetzt sofort. Los, los!«, kommandiert er uns nacheinander die Treppe rauf, wo wir uns wie in einer Strafriege in einer Reihe aufstellen. Palaschka schluchzt nun wieder lauter, diesmal hört es sich an, als hätte sie einen argen Schluckauf.

»Nu, is ja jut, Marjellchen«, sagt Oma und streicht ihr über den Kopf. »Die tun dir schon nüscht.«

»Wir wissen nicht, wie lange wir den Iwan noch davon abhalten können, über die Oder zu kommen«, sagt der Taschenlampensoldat, an Großvater gewandt.

»Ihr müsst unbedingt sofort weg von hier. Habt Ihr Pferde?«

»Wir haben sogar einen ganzen Stall voller gepackter Planwagen!«, meldet sich Mutti laut zu Wort. Sie klingt immer noch böse.

Ari ist inzwischen auch aufgewacht und reibt sich träge die Augen. Mann, was kann der pennen! Jetzt muss auf einmal alles ganz schnell gehen. Die Soldaten helfen uns, die Pferde anzuspannen. Sie schnauben nervös und treten auf der Stelle, als würden sie merken, dass wir in Gefahr sind. Wir sind ja schon alle in voller Montur. Oma Sobbels trägt sogar ihren guten Hut. Gestern Abend fand ich das noch merkwürdig, habe mich aber nicht getraut, danach zu fragen.

Großvater und die Soldaten helfen Mutti und uns Kindern auf unseren Wagen. Vorher hat sich Mutti noch am Eingang der Scheunentür mit Großvater und Großmutter Lilie gezankt. Sie hat wie wild mit den Händen gerudert und aufgeregt auf die beiden Alten eingeredet, einmal hat sie die Hände dabei so gehalten, als wollte sie in der Kirche vor dem Altar beten. Ich wusste, dass sie Großvater Ernst zu überzeugen versucht, mit uns zusammen wegzufahren.

»Aber das Vieh!«, hat Großvater zweimal gerufen. »Das Vieh verreckt uns doch!«

Tante Klara will nun urplötzlich auch nicht mehr mit auf den Wagen. Sie sagt, sie kann ihre alten Eltern doch nicht hier alleinlassen. Was bin ich froh, dass Mutti noch so jung ist! Und ich will, genau wie Mutti, dass jetzt endlich etwas passiert. Ich will auch fort von hier, mir macht das Schießen solche Angst. Auch wenn die deutschen Soldaten uns beschützen wollen. Was, wenn sie das nicht schaffen? Was, wenn sie und wir nicht schnell genug sind? Ich will den Russen niemals sehen!

Also klettere ich als Erste unter die Plane unseres Gespanns, kuschele mich jetzt in eines der Plumeaus, die Mutti gestern Abend noch auf unseren Wagen geladen hat, als hätte sie gewusst, dass es nun endlich losgehen würde. Ari legt sich zu mir, dann Cousine Mizzi und ihre Mutti Bruna. Wir Kinder finden es kuschelig, und ein wenig abenteuerlich fühlt es sich auch an. Palaschka fährt bei den Nachbarn von Oma Sobbels mit. Onkel Karl auch. Der war heute morgen schon wieder blau. Mutti war so sauer, als sie das gemerkt hat. Fast hätte sie ihm eine gelangt, das habe ich ihr angesehen!

Omas zwei Fremdarbeiter stehen rauchend vor der Scheune und beobachten uns; sie bleiben auch hier. Die wollen bestimmt gemeinsam mit Großvater auf das Vieh aufpassen. Das ist gut, dann bleiben Oma und Großvater Lilie nicht allein mit der ganzen Arbeit. Denn die wollen sie machen, zusammen mit Tante Klara, sogar für Oma Sobbels' Hof gleich mit.

Mutti sitzt auf dem Kutschbock, sie hat die Zügel schon in der Hand, die beiden Kaltblüter schnauben, ihr Atem macht dicke Wolken in der kalten Luft. Hinten sind wir jetzt zu sechst: Ari, Ekkehard, Mizzi, ich, Tante Bruna und Oma Sobbels. Wir legen uns quer nebeneinander, damit wir alle auf die Holzpritsche und neben die ganzen Habseligkeiten passen, die die Frauen in den vergangenen Tagen aufgeladen haben.

»Los, los, wie die Ölsardinen!«, kommandiert uns Mutti. Es soll wohl lustig klingen, aber irgendwie tut es das nicht. Mein Plumeau ist erst ein bisschen klamm, aber doch viel besser als im Keller, und es wird auch zügig richtig warm durch die vielen Körper und die dicken Decken. Ich fühle mich gleich sicherer, weil wir alle so dicht beieinander sind, mein kleiner großer Bruder gleich neben mir auf der einen Seite, Mizzi auf der anderen Seite.

Hinter den Wagen hat Mutti schnell noch Puppe gespannt. Sie ist das Reitpferd von Onkel Willi, der ja im Krieg ist. Puppe ist eine rotbraune Stute und gerade ganz dick, denn sie bekommt schon bald ein Fohlen. Onkel Willi hat Puppe sehr lieb, weil er sie mit der Flasche großgezogen hat. Mutti sagt zwar, das ist Quatsch, das wär so eine ›Familienlegende‹. Ist ja auch egal jetzt. Jedenfalls müssen wir Puppe unbedingt mitnehmen, damit Willi sie wiederbekommt, wenn er aus dem ›Feld‹ kommt. Und damit sie der Russe nicht kriegt.

Ich frage mich, was der Russe wohl mit dem ganzen Vieh von den Sobbels und den Lilies macht. Wenn er denn kommt. Er kann ja nicht alles alleine schlachten und aufessen. Ob er die beiden alten Leute und Tante Klara und die Fremdarbeiter in Frieden lassen wird. Und ob Puppe es mehr wert ist, von uns mitgenommen zu werden, als Großvaters Milchkuh Alma. Ich habe zwar große Angst vor Kühen. Aber Alma ist sehr brav und folgsam, also hätte man sie auch hinten an unseren Wagen binden können.

Als das Gespann sich in Bewegung setzt, klingt das Getrappel der Hufe auf dem Schnee sehr beruhigend. Das Gedonnere hinter uns wird jetzt schnell immer leiser, bis ich es nicht mehr hören kann. Eigentlich will ich ja nicht noch weiter weg von Matschdorf. Zugleich will ich jetzt ganz schnell weit weg von hier. Das ist ein komisches Gefühl und macht mich sehr traurig. Aber vielleicht können wir ja bald zurückkommen? Ari nimmt mich in den Arm. Ich bin so müde.

Gerlinde

31. Januar 1945

Jetzt, am nächsten Morgen, sind wir auf einmal in Beeskow. Alle sind verschlafen, nur Mutti ist immer noch wach, weil sie die halbe Nacht auf dem Kutschbock gesessen hat. Ihre Finger sind ganz weiß, abgestorben vor Kälte. Ich habe ein schlechtes Gewissen, weil es hinten auf dem Wagen recht gemütlich war und ich seit Langem mal wieder richtig gut geschlafen habe. Obwohl es so eng ist, dass es quietscht, wie Ekkehard meint.

In Beeskow hat Papa vor seiner Zeit als Leiter der Matschdorfer Schule unterrichtet. »Strafversetzt« sei er worden, sagt Papa immer, weil das da am Rande von Beeskow eigentlich keine richtige Schule gewesen sei, sondern »nur so eine Klasse nach Gutsherrenart«. Was ja eigentlich nach was ganz Besonderem klingt, finde ich.

Man hat ihn hierhinversetzt, so hat Mutti uns später erzählt, weil er nicht in die Partei eintreten wollte. Er war also nicht freiwillig hier. Immerhin hat er dann in Beeskow gute Freunde gefunden, die Klausches. Und in die Partei ist er dann später auch noch. Weil er sonst gar nicht mehr hätte unterrichten können. Zur Belohnung haben die von der Partei ihn dann später wohl zum Schulleiter in Matschdorf gemacht. Schulleiter klingt ja ein bisschen übertrieben, finde ich. Schließlich ist er da der einzige Lehrer, er kann sich ja schlecht selbst leiten, oder?

Mutti sagt aber, als Schulleiter ist er jetzt Beamter auf Lebenszeit.

Das ist wohl etwas Besonderes.

Ich weiß auch nicht recht, was so schlimm daran ist, in der Partei zu sein. Man merkt das den Leuten ja nicht an, also, na ja, zumindest ich merke das nicht. Außer dem alten Wittich und dem Pastor sind fast alle anderen in Matschdorf auch in der Partei, sagt Mutti. Und die sind doch alle sehr nett.

Bis auf den Förster. Der ist ein Knallkopp, der hat beim Pilzesammeln mal auf Ari und mich geschossen! Das gab vielleicht ein Theater! Später hat er zu Mutti gemeint, wir müssten halt beim nächsten Mal laut ›Heil Hitler‹ rufen, damit er uns nicht wieder für Hasen hält.

Onkel Karl ist auch nicht so nett: Der ist ein Säufer. Beide zusammen sind meschugge wie zehn Meter Feldweg. Sagt Ekkehard.

* * *

Die Klausches sind sehr freundliche Leute. Ich habe sie zwar vorher noch nie getroffen, aber wegen Papas Erzählungen fühlt es sich an, als würde ich sie schon ewig kennen. Sie haben uns erst mal ein zünftiges Frühstück gemacht. Es gab nicht viel für jeden von uns, aber immerhin ein Rührei, in ausgelassener Schwarte gebraten! Außerdem durfte ich diesen Malzkaffee kosten. Das hat mir Mutti vorher nie erlaubt, weil das angeblich ›Bedürfnisse schafft‹.

Mutti hat sogar zweimal gelacht heute Vormittag! So habe ich sie schon lang nicht mehr erlebt. Bestimmt ist sie einfach froh, dass wir nun endlich unterwegs sind, weg von der Schießerei und der lauten Front.

Für Puppe haben die Klausches ein paar Steckrübenschnitze und etwas Hafer geholt. Ich durfte sie damit füttern. Sie ist jetzt sehr zutraulich, weil ich sie schon oft gestreichelt habe und dabei immer leise mit ihr spreche.

Ekkehard sagt, solange Onkel Willi im Krieg ist, ist Puppe sein Pferd. Das ist natürlich Blödsinn. Außerdem suchen sich Pferde selbst aus, wen sie mögen oder nicht. Und mich mag Puppe am liebsten, so viel steht fest! Also ist sie mein Pferd mindestens so viel wie seins. Am Ende entscheidet das ohnehin Onkel Willi.

Nach dem Frühstück sind Ari, Mizzi und ich zusammen mit anderen Kindern aus Beeskow und mit Inge Klausche los, um die Gegend zu erkunden. Das hat so einen Spaß gemacht! Wir haben eine Truppe von Schneemännern gebaut und denen richtig lebendige Gesichter gemacht. Es gab zwar keine Kohle für die Augen oder Karotten für die Nase, aber Stöckchen und Steine tun es ja auch. Hinterher wollten die Jungs mit den Schneemännern Front spielen, aber dazu hatte ich keine Lust. Auch, weil wir Mädchen natürlich die Russen sein sollten. Außerdem hat es wieder angefangen zu schneien. Ich bin dann lieber mit Inge Klausche und Mizzi auf unseren Wagen geklettert, und wir haben zusammen mit Mizzis Puppen feine Damen beim Kaffeekränzchen gespielt. Ich bin ja so was von neidisch! Mizzi durfte sogar gleich zwei Puppen mitnehmen, bloß weil sie nicht mitten in der Nacht über die Oder machen musste! Immerhin hat Mizzi mir versprochen, ich dürfte jetzt auch mal mit ihren Puppen spielen: solange sie sie nicht braucht und ich sie gut behandele. Aber das versteht sich doch wohl von selbst! Ich habe deshalb weiter gemurrt: Es wär ungerecht, dass sie sogar zwei Puppen hätte und ich nicht eine! Da ist sie sehr wütend geworden und hat gesagt, immerhin sei meine Oma mit uns auf Walze, und ihre sei in Wiesenau geblieben. Das wär schließlich auch nicht gerecht und ich soll mich nicht so haben.

Da hat sie wohl recht: Ich bin sehr froh, dass Oma Sobbels mit uns ist. Sie ist immer sehr lieb zu mir und hat stets ein tröstendes Wort und eine kleine Geschichte, wenn ich traurig bin, ganz anders als Mutti. Andererseits sind Großvater und Großmutter Lilie ja auch in Wiesenau geblieben, genau wie Mizzis Oma. Aber Mizzi meint, das zählt nicht voll, weil ich mit den beiden nicht so eng bin.

Wir sind dann übereingekommen, dass sie mit mir die Puppen teilt, solange wir unterwegs sind. Und ich teile dafür Oma Sobbels mit Mizzi.

Inge Klausche ist acht Jahre älter als ich und noch viel älter als Mizzi, aber sie findet tatsächlich unseren Planwagen toll. Recht hat sie: Es ist schon auch ein bisschen ein Abenteuer, damit unterwegs zu sein, und es macht auch irgendwie Spaß, immer mit all den anderen aus der Familie zusammen zu sein. Ari dagegen ist wohl bloß froh, dass er nicht nach Frankfurtoder in die Schule muss. Und Ekkehard macht eh nur die ganze Zeit einen auf erwachsen! Deswegen darf auch niemand ›Ekki‹ zu ihm sagen, das klingt ihm wohl zu fipsig.

Ari ist es egal, ob ihn jemand Aribert nennt oder Ari. Aber der ist ja auch aus einem anderen Holz.

»Aus Weidenholz«, sagt Papa, »biegsam und wächst wie Unkraut.«

Die Leute auf den übrigen Wagen aus dem Treck sind auf benachbarte Höfe gefahren und haben gefragt, ob sie dort eine Weile rasten können. Die haben es nicht so gut wie wir, weil die meisten von denen hier niemand kennen.

Ich bin wirklich froh, dass wir in Beeskow sind. Es ist richtig schön hier. Die Leute sind nett, und es schießt auch keiner, nicht mal in der Ferne. Es fühlt sich an, als wären wir nur auf Wochenendbesuch, mit dem Unterschied, dass wir zu siebt auf dem Wagen schlafen müssen.

Mutti ist heute nicht mehr so gereizt. Immer wenn ich sie in den letzten Tagen angesprochen habe, kriegte ich nur kiebige Antworten. Auch wenn ich sie, wie heute Mittag, nur gefragt habe, ob wir denn jetzt hier bleiben.

»Was weiß denn ich!?«, hat sie darauf gemeint und so eine Handbewegung gemacht, als ob sie eine Fliege verscheuchen wollte.

Vielleicht können wir ja alle zusammen in Beeskow das Kriegsende abwarten und dann zurück nach Matschdorf fahren. Meine Susi grämt sich bestimmt, dass sie so lange alleine bleiben muss. Was Lotti wohl jetzt macht? Und Gerda? Warum durfte die bloß nicht mit uns kommen?

»Weil ihre Eltern immer noch an den Endsieg glauben«, habe ich Mutti gestern zu Oma sagen hören.

»Die sind jetzt sicher alle Landser.«

Ich habe große Angst um Lotti. Um Gerda eigentlich weniger, die ist ja schon fast erwachsen und immer so patent. Wenn sie hier wären, könnten wir alle zusammen sein, spielen und wir wären in Sicherheit. Und Mutti müsste nicht immer alles allein machen.

Zumindest hätte Lotti doch in Matschdorf auf meine Susi aufpassen können, solange ich weg bin. Auch wenn ich sie ihr nur wirklich ungern gegeben hätte. Ich verstehe die Erwachsenen manchmal nicht, warum können die sich nicht besser absprechen?

Elisabeth

5. Februar 1945

Die Rote Armee ist jetzt über die Oder. Vorhin kam ein Freund von Klausches aus Müllrose angeritten, der hat es uns erzählt. Woher er diese Informationen hat, blieb seltsam unklar, vielleicht ist es ja auch bloß ein Gerücht. Oder Feindpropaganda, wie es die Magd von Klausches annimmt. Aber das glaube ich nicht. Wie sollte der Feind es ausgerechnet nach Müllrose geschafft haben, um da Zersetzendes zu streuen?

Seine Familie, hat der Bekannte von Klausches erzählt, ist schon länger raus, jetzt will er ihnen hinterher. Nicht mit uns, das dauert ihm zu lange. Wie er das alleine anstellen will, ist mir ein Rätsel. Der wird doch sofort als Deserteur hopsgenommen. So wie Karl, dieser Trunkenbold: Dem droht das auch. Dem glaubt man ja auch nicht bloß seiner roten Nase wegen, dass er kriegsuntauglich geschrieben ist. Ich habe oft diesen unchristlichen Impuls, ihm in sein stoppeliges Sektierergesicht zu schlagen. Dabei hat er mir gar nichts getan. Doch ich verachte seine Verantwortungslosigkeit über alle Maßen. Wie ich ihn kenne, hat er seine Papiere im Suff in Wiesenau liegen lassen. Aber das darf jetzt nicht auch noch mein Problem sein.

Wir müssen hier also baldmöglichst wieder weg. Am besten nach Lübben. Himmel, die anderen sind immer derart langsam! Bei Gott, auch im Denken! Ich begreife das einfach nicht, und es macht mich unduldsam und zornig.

Ich warte jedenfalls hier keinen Tag länger als nötig. Muss die Kinder einsammeln. Wo treiben die sich bloß wieder rum? Gerlinde wird hier gerade zum richtigen Wildfang. Will ich mal ernsthaft mit ihr reden, schweigt das Gör mich an! Man will ja nicht zur Haarer-Mutter* werden, doch zuweilen wird's mir wirklich zu bunt! Ich hoffe bloß, das Mädel wird nicht so aufsässig wie diese Inge.

Gestern Abend haben wir zu viert in Klausches Vorratskammer gehockt und leise Feindsender gehört. Die BBC behauptet einen rasanten Bodengewinn der Invasionstruppen am Rhein. Der Sprecher sagte, wir sollten uns einfach alle ergeben, das wäre das

* Die Ärztin Johanna Haarer postulierte die ›harte Hand‹ als Erziehungsmaxime bereits für Säuglinge und Kleinkinder. Ihr Buch »Die deutsche Mutter und ihr erstes Kind« avancierte unter dem NS-Regime zur Standardlektüre für Schwangere. Darin warnte sie Frauen u. a. eindringlich davor, ihre Kinder mit »Affenliebe« zu »verzärteln«.

Beste für beide Seiten. Auch deutschen Soldaten und Landsern werde nichts passieren, wenn sie ihre Waffen wegwerfen und sich friedlich zu erkennen gäben. Sie müssten aber unbedingt ihren Waffenrock anbehalten, sonst würden sie stante pede als Spione erschossen. Sogar Ekkehard schnaubte daraufhin was von ›Feindpropaganda‹, aber ich hab ihm den Mund verboten und ihm eingeschärft, sich in keiner Weise politisch zu äußern, weder für noch gegen irgendwen. Was wissen wir denn, wer hier noch die Wahrheit sagt? Ich glaube schon seit Jahren nur noch das, was ich mit eigenen Augen sehe! Die Levys haben sich schließlich auch nicht in Luft aufgelöst.

Klausches wollten gestern Abend noch immer nicht mit uns raus. Vorhin haben sie nun gesagt, sie kämen doch mit. Geplant haben sie allerdings nicht gut: Da gibt's jetzt nur einen alten Klepper für ihren Wagen, der noch dazu viel kleiner ist als unserer, und zwei Handkarren, die sie abwechselnd mit Inge ziehen wollen. Na, viel Vergnügen! Inge kann zur Not noch bei uns mitfahren über Tag, aber schlafen können wir nicht zu acht auf dem Wagen. Außerdem macht Ekkehard ihr schöne Augen, das fehlt mir gerade noch.

Na, Hauptsache, wir kriegen nicht alle was von oben auf den Kopp.

Gerlinde

25. März 1945

Gestern sind wir von Herzberg aus wieder aufgebrochen. Vorher waren wir eine Weile in Lübben. Ich vergesse derweil die Namen von all den Ortschaften, an denen wir vorbei sind. Wie weit wir denn noch müssen?, habe ich Mutti gefragt.

»Na, so weit, dass uns der Russe nicht kriegt«, hat sie geantwortet.

Die Vorstellung macht mir entsetzliche Angst. Wenn der Russe nun schneller ist als wir? Der hat doch bestimmt auch Autos. Na klar.

»Und kleine, wendige Panzerwagen«, hat Ari gemeint.

Aber Ekkehard hat ihn Lügen gescholten. Er meint, der Russe hat nur kleine Pferchen und solch mickrige Panjewagen, schlechte Gewehre und alte Granaten, die ihm schon in der Hand explodieren. Weil er so unterentwickelt ist. Wenn der gewinnt, dann nur, weil er wie ein wildes Tier vorgeht und keine Scheu hat, Frauen und kleine Kinder zu schlachten, als wär'n sie Omas Nutzvieh.

In der Wochenschau in Frankfurtoder haben sie es letztes Jahr ja immer wieder gezeigt, wie brutal der Russe ist: Beinahe hätt' Mutti mit mir aus dem Spielsaal gehen wollen. Aber dann hat sie mich bloß »Augen zu!« geheißen.

Der Amerikaner, der ist ja schlauer, sehr modern und nicht so fies, und der Engländer hat auch mehr fortschrittliche Waffen und jede Menge Flugzeuge und so. Aber der Engländer, der ist gerade nicht hinter uns her. Der ist jetzt woanders in Deutschland. Aber er ist trotzdem unser Feind.

Warum wollen die uns nur alle töten? Was haben wir denen denn nur getan? Amerika ist doch riesengroß und so schrecklich weit weg, das habe ich in Papas Studierstube auf seinem Globus gesehen. England ist bloß so eine kleine Insel: Da ist ganz viel Meer zwischen denen und uns, und deshalb können da ja gar keine deutschen Soldaten sein, die denen Angst machen. Ich bete jeden Tag, dass die Wehrmacht den Russen noch aufhält, bevor er uns einholen kann! Und dass er Papa und Onkel Willi, Onkel Richard und all die anderen Männer aus Matschdorf und Wiesenau am Leben lässt.

* * *

Ich friere ununterbrochen. Deswegen laufe ich jetzt oft hinter unserem Wagen her und streichle den Hals von Puppe. Die ist immer so schön warm. Sie mag das. Puppe ist jetzt ganz fürchterlich dick, und man sieht, dass sie es gar nicht gut findet, jeden Tag so weit traben zu müssen. Immer wenn sie einen Schritt macht, kommt vorn ganz viel Dampf aus ihren Nüstern, als würde ihr das große Mühe machen.

Ekkehard glaubt, dass es bald so weit ist. Dass das Fohlen kommt. Auch davor bin ich schon bange: So ein kleines Fohlen, das erfriert doch bestimmt gleich, wenn es bei der Mutter aus dem warmen Bauch kommt! Irgendwie kann ich zurzeit an gar nichts mehr denken, vor dem ich keine Angst habe. An irgendwas Schönes. Aber mir fällt einfach nichts ein. Vielleicht auch, weil es so kalt ist und weil ich fortwährend Hunger habe. Früher, in Matschdorf, da fand ich Schnee ja schön. Jetzt sieht er nur noch aus wie dreckige alte Asche, die das ganze Land überzieht.

Nach Beeskow und den Klausches gab es keine Leute mehr, die Mutti von früher her kannte und bei denen wir hätten unterkommen können. Wir müssen jetzt jede Nacht auf dem Wagen schlafen, und Inge ist nun auch noch dabei. Es ist wirklich zu eng. Und es stinkt. Weil wir uns nicht richtig waschen können und jeden Tag dasselbe anhaben. Meine Stiefel sind auch zu eng, wegen der ganzen Socken darin, aber Mutti sagt, ich soll sie anlassen. Das ist blöd. Ich finde nämlich, dass sich meine Füße dadurch noch kälter anfühlen.

Ich habe letztens Leute auf der Chaussee gesehen, die hatten Socken über den Schuhen. Onkel Karl meint, das machen sie entweder, weil sie Löcher in den Sohlen haben oder weil sie einfach zu blau waren, als sie die Schuhe angezogen haben. Das fand er sehr witzig, er kriegte sich vor Lachen gar nicht mehr ein.

»Schließ bloß nicht von dir auf andere, Karl!«, hat Oma ihn angepflaumt. Sie mag Onkel Karl nicht. Der wiederum hat mir mal gesteckt, Oma sei ja nur sauer auf ihn, weil er einer der wenigen Männer aus Wiesenau war, die aus dem ersten Krieg wieder nach Hause gekommen sind – nicht aber Omas Mann, also ›Vati‹.

Onkel Karl ist zwar ›versehrt‹, das bedeutet, er zieht sein linkes Bein nach und sein Fuß steht etwas schief. Aber immerhin ist er am Leben. Und er musste deshalb nicht in den zweiten Krieg, so wie Papa jetzt. Ach, ich will lieber nicht an Papa denken, das macht mich so traurig. Ich habe Angst, dass er auch im ›Feld‹ bleibt und ich ihn nie mehr wiedersehe und in den Arm nehmen kann.

Ich möchte nach Hause, ich will wieder nach Matschdorf. Aber Mutti sagt, der Russe wohnt jetzt wahrscheinlich schon in unserem Haus. Das ist so eine schreckliche Vorstellung! Ich habe Angst um Gerda, um Lotti. Und meine Susi soll nicht zum Russen, der macht sie bestimmt kaputt. Oder er klaut sie für die eigene Tochter, zu Hause in Russland. Da gibt es bestimmt keine so schönen Puppen mit blauen Augen. Und ich sehe sie dann nie wieder. Das macht mich alles ganz verrückt. Ich rede aber mit niemandem darüber, weil das doch sehr selbstsüchtig klingt.

Mutti sagt jetzt: »Schule, Haus und Hof, das ist doch alles egal.«

Ich verstehe nicht, wieso sie so gleichgültig tut. Sie macht sich nämlich grässliche Sorgen um Papa. Sie weiß nicht mal, an welcher Front er gerade ist. Wir haben seit den Weihnachtspaketen, die ja schon weit vorher kamen, nichts von ihm gehört. Mutti sorgt sich aber auch um Papas Eltern, Großvater und Großmutter Lilie. Und um Tante Klara, Papas Schwester. Die sind ja in Wiesenau geblieben, bloß weil Großvater das Vieh nicht hat allein lassen wollen. Mutti hielt das für eine ›Schnapsidee‹, aber das hat sie nur Klara gegenüber so gesagt, und ich hab's gehört.

Wenn der Russe jetzt über die Oder ist, dann ist er doch bestimmt auch schon in Wiesenau und auf Oma Sobbels' Hof. Das glauben jedenfalls Ari und Ekkehard. Mutti schweigt, wenn ich sie danach frage. Sie hat dann diese steile Falte auf der Stirn. Ich mag eigentlich nicht daran denken, was wird. Die anderen Erwachsenen im Treck sprechen aber von kaum etwas anderem. Mutti geht dann immer weg und nimmt mich beiseite, damit ich nicht alles mitkriege.

Unser Zug ist jetzt viel länger geworden. In fast jedem Ort haben sich uns Leute angeschlossen, vor allem in Herzberg waren es sehr viele. Alle wollen nun über die Elbe, sagt Mutti. Weil hinter der Elbe, da ist der Amerikaner. Viele von den Leuten tragen nur einen Koffer oder haben einen Rucksack auf dem Rücken. Ein paar schieben ihre Sachen auch in alten Kinderwagen vor sich her, so wie Klausches. So ein älterer Mann aus Lübben hatte sogar eine Schubkarre dabei, aber die hat er gestern stehen gelassen, weil das Schieben für ihn zu anstrengend wurde. Er hat versucht, alles, was in der Karre war, irgendwie in seine Jacke zu stecken oder sich auf den Rücken zu schnallen. Das hat aber nicht funktioniert. Daraufhin hat seine Frau angefangen mit ihm zu streiten, und irgendwann hat er sie richtig fies geohrfeigt. Dann ist ein noch älterer Mann dazwischengegangen und hat gesagt: »Wir haben schon Krieg, da müssen wir uns doch nicht noch gegenseitig verkloppen.«

Mutti sagt, die Kerle haben einfach kein System. Für irgendwas. Nur Streit stiften, das können sie. Im Kleinen wie im Großen. Außer Papa, der wusste früher immer, was zu tun war. Und er bleibt auch immer friedlich. Deswegen taugt er aber auch nicht gut zum Soldatsein.

Mutti ist allzeit gut organisiert, das hat sie bestimmt auch von der ›Benimmje‹. Irgendwann, so hat sie mir mal beim Erbsenpalen erzählt, da will sie selbst andere Frauen in Hauswirtschaft unterrichten. Aber dafür müsse erst mal der Krieg aus sein. Und wir Kinder »aus dem Gröbsten raus«.

Sie sagt jetzt öfter ihre Meinung, und häufig hören die Leute ihr auch zu und machen später, was sie vorschlägt. Es sind aber auch fast nur Frauen, alte Leutchen und Kinder im Treck. Und seit gestern auch zwei kleine Babys, die sind sehr süß. Sie tun mir leid, weil sie noch so winzig sind und doch eigentlich kuschelig in der Stube in ihrer Wiege liegen sollten. Stattdessen müssen sie mit uns durch diesen eisigen Wind laufen. Dick eingemummelt unter dem Mantel ihrer Mütter, aber trotzdem. Mutti hat den Frauen angeboten, dass sie die Kleinen bei uns auf dem Wagen ›stillen‹ können. Das finde ich gut. Auch wenn ich nicht weiß, was das genau ist. Aber sie besteht darauf, dass die Frauen vorher die Schuhe ausziehen. Selbst wenn die Füße müffeln.

Ich bin dann etwas neidisch, denn ich möchte auch lieber tagsüber auf dem Wagen sein. Am liebsten würde ich nur schlafen, die ganze Zeit über, immer nur schlafen. Mit allen Federbetten, die wir dabeihaben. Die würde ich gern über mir aufschichten. Und erst wieder aufwachen, wenn wir wieder zu Hause sind. Gestern habe ich das Mizzi erzählt. Aber die hat mich ausgelacht und gesagt: »Dann erstickst du ja!«

Vielleicht. Aber wenn ich schlafe, merke ich das ja gar nicht. Und dann wäre es doch auch egal.

Elisabeth

24. April 1945

Seit ein paar Tagen sind wir jetzt in Pouch, etwa zehn Kilometer vor Bitterfeld.

Wir hörten auf der Straße in der Ferne noch Granaten und sahen auch Flieger; einen halben Tag lang haben wir uns in einem Wäldchen versteckt. Das war Karls Idee. Keine gute, glaube ich. Wenn die uns entdeckt hätten und dann Kerle wie Karl gefunden hätten, ohne Uniform und ohne Papiere. Die werden doch gleich hopsgenommen: als Spione, oder als Deserteure, oder potenzieller Volkssturm, je nachdem, auf wen man trifft. Da wird bestimmt nicht lang gefackelt.

Seit gestern ist die Stadt beim Amerikaner, so hören wir. Das heißt ja wohl, die Deutschen haben die Stadt längst aufgegeben. Na ja, vielleicht ist das auch wieder Propaganda. Genaues weiß jedenfalls niemand. Gestern kamen uns ein paar furchtbar ausgemergelte polnische Fremdarbeiter entgegen, die haben es Ekkehard erzählt. Bitterfeld selbst sei kaum zerstört. Ich finde das eigenartig. Hier ist doch so viel Industrie, und es gibt bestimmt jede Menge Kriegsgefangene, die in den Fabriken arbeiten mussten. Oder vielleicht deshalb? Damit die nicht alle sterben bei Luftangriffen? Vielleicht sind die Amerikaner ja ebenso gut informiert wie die Tiefflieger, die mit uns Treibjagd gespielt haben.

Wir haben ein paar mächtige Schutzengel, so viel steht fest: Am 8. März haben wir in der Nähe von Brehna russische Tiefflieger überlebt. Später am Tag mussten wir uns als ›Flüchtlinge‹ in der dortigen Schule anmelden. Angeblich, weil die Kinder dort zur Schule gehen sollen! Ich wusste nicht, ob ich lachen oder weinen sollte, als ich das gehört habe. Nicht in die echte Schule – nein, darin ist ein Lazarett untergebracht –, sondern in eine olle Kneipe, die sie schlankerhand zum Klassenraum umfunktioniert haben. Ich weiß nicht, was ich absurder finden soll: die Bürokratie des Dritten Reichs oder die Gründlichkeit, mit der sie uns in die Scheiße geritten haben!

Ja, inzwischen habe ich zu fluchen gelernt. Das hilft, wenn fast alles andere sich deiner Einflussnahme entzieht. In Brehna habe ich mich in dieser Kneipe auf dem Abort eingeschlossen und Mörike gelesen. Da war ich mal für ein paar Minuten woanders, wenigstens in Gedanken. Das einzige Büchlein, das ich, außer der Bibel und unserem Stammbuch, mitgenommen habe. Danach ging es besser. Auch weil mir endlich mal wieder etwas warm geworden ist.

In der Frühe

Kein Schlaf noch kühlt das Auge mir,
dort gehe schon der Tag herfür
an meinem Kammerfenster.
Es wühlet mein verstörter Sinn
noch zwischen Zweifeln her und hin
und schaffet Nachtgespenster.
– Ängste, quäle
dich nicht länger, meine Seele!
Freu dich! Schon sind da und dorten
Morgenglocken wach geworden.

* * *

Es gibt hier tatsächlich Klassen für Kinder von ›Schwarzmeerdeutschen‹, die es bis Brehna geschafft haben und die jetzt nicht mehr weiterwollen oder -können! Wir sind zwar gerade mal 100 Kilometer von zu Hause weg, aber egal wo wir hinkommen, überall sind wir nun auch ›Flüchtlinge‹.

Inzwischen weiß keiner mehr so recht, wie weit wir eigentlich von der Front entfernt sind. Denn es gibt ja nicht nur eine Front, sondern viele. Den Tieffliegern scheint hier jedenfalls keine Flak mehr etwas entgegenzusetzen. Wie die Hasen haben sie uns gejagt, als wir schreiend in die Gräben gesprungen sind! Mit Maschinengewehrsalven und allerlei Sprengsätzen. Immer feste druff, ein Höllenspektakel – und trotzdem irgendwie immer daneben. Gut zehn Minuten ging das so. Bloß ein Gaul wurde an der Flanke getroffen, noch nicht einmal besonders schlimm. Ekkehard hat ihn verarztet, er konnte später weiterlaufen.

Das muss volle Absicht gewesen sein; sie hätten uns so leicht abknallen können wie Stoffrosen an der Schießbude. Dienen bei den Fliegern etwa zivilisiertere Russen als bei deren barbarischem Heer? Die sehen ja schließlich von oben, dass da bloß Kinder und Frauen durch den Schnee stieben. Vielleicht wollten sie Gnade vor Recht ergehen lassen und uns nur ordentlich die Hölle heißmachen? Wenn ja, dann muss das jemand angeordnet haben; es waren vier Flugzeuge, und sie sind immer wieder zurückgekehrt und haben uns jedes Mal wie wild beschossen – oder eben nur so getan. Bernhard glaubt, die Russen werden nie mehr aufhören uns zu jagen, sie werden Rache nehmen wollen, bis zum Sankt Nimmerleinstag.

Seltsam: »Gott sei Dank!«, mag ich nicht sagen. Denn uns nicht zu töten war eindeutig Menschenwerk.

* * *

Die Kinder halten sich wacker, nur Gerlinde hat nach dem Angriff gefragt: »Ich dachte, ich muss sterben, Mutti. Müssen wir alle bald sterben? Ist Papa vielleicht auch schon gestorben?«

Ansonsten wird sie zwar bockiger, aber auch immer stiller. Wenn sie denn mal was sagt, dann wirkt sie erst zornig und aufsässig. Und dann dibbert sie mir stets aufs Neue die Ohren voll, dass sie nach Hause will. Ich vertröste sie und sage, dass der Krieg bald aus ist. Was ich nicht nur ehrlich hoffe, sondern auch glaube. Das Ende ist nahe – im positiven Sinne, davon bin ich überzeugt. Nur wie nahe genau, das weiß halt keiner. Ist ja auch niemand mehr übrig, der Deutschland noch groß verteidigen könnte.

In größeren Orten wie Brehna habe ich immer Angst, dass sie Ekkehard noch ziehen. Inzwischen holen sie ja schon die 14-Jährigen. Das ist ein Verbrechen. Es gibt aber immer noch Leute, die finden es richtig. Bis zum letzten Blutstropfen? Dem Goebbels haben sie doch was ins Taufwasser getan!

Ich habe schon in Lübben unsere letzten Eier gegen ein Rasierzeug getauscht. Bruna hat mich für verrückt erklärt. Eine geharnischte Zankerei hat es gegeben. Sei's drum.

Jeden Morgen muss Ekkehard sich jetzt die ersten Stoppeln abrasieren. So ein glattes, rosiges Burschengesicht wirkt doch gleich um einiges jünger. Immer wenn wir uns einer Ortschaft nähern, schicke ich die Jungs auf den Karren unter die Plane. Gerlinde lasse ich derweil neben der trächtigen Puppe herlaufen. Nicht dass noch so ein Hundertfuffzigprozentiger auf die Idee kommt, mir auf den letzten Metern meinen Sohn zu nehmen. Oder ein Ami meint, er sei ein Überläufer in Alltagszwirn.

Der Volkssturm kontrolliert immer noch die Autobahnzufahrten, erzählt man sich. Doch das passt nicht recht zu den Gerüchten, der Amerikaner säße schon in Bitterfeld.

Jedenfalls ist der Sturm eine Pimpfe-Truppe, eine richtige Dreikäsehoch-Armee ist das. Jede Mutter muss da doch das heulende Elend kriegen!

Sie haben im Treck schon nach Fahnenflüchtigen gefahndet. Vor drei Wochen haben zwei von diesen Knilchen unser Gespann kontrolliert, keiner von denen war älter als 19. Ich habe gesagt, meine Jungs lägen da oben auf dem Wagen, weil sie krank seien und Fieber hätten. Wie alt sie denn seien? »Elf und dreizehn«, habe ich geantwortet, und mir ist dabei fast das Blut in den Adern gefroren. Gerlinde klammerte sich währenddessen an mein Bein, Mizzi kauerte daneben. Vielleicht war das mein Glück, sie ist ja noch so klein, und Mizzi ist geradezu ein Winzling. Den Abstand von den Mädels zu elf und dreizehn fanden sie wohl plausibel. Denn erstaunlicherweise hat ihnen das gereicht, keiner wollte die Jungs oder unsere Papiere sehen. Wir konnten weiterziehen. Von den Kennkarten hab ich eh nur meine eigene im Gepäck. Ob das so klug war, wird sich zeigen.

Man lebt nun von Tag zu Tag. An später mag man nicht denken, weil es gar zu viel Angst macht. Was hatt' ich früher immer an jedem neuen Morgen für Pläne! Für den Tag, für die Woche, den Monat. Fürs Erntejahr, fürs Kirchenjahr. Für Geburtstage, die da kommen würden, für Festtage, die es schön zu machen galt, fürs Schlachtefest, für Besuche in Frankfurt oder in Beeskow.

Seit '42 hat man dann anders gedacht, und die eigenen Pläne wurden eher vage. So in etwa: Für wenn Bernhard irgendwann auf Heimaturlaub kommt, oder Willi, oder Richard, oder Klaras Buben. Wenn sie denn kommen. Da gab es nichts zu planen. Man hat nur gehofft, sie stehen eines Morgens wieder auf der Schwelle. Und nicht der Feldjäger mit versteinerter Miene, der seine Mütze abnimmt, wenn du die Tür öffnest.

Heute denkt man ja höchstens in Kategorien von morgens bis mittags, oder bis zum nächsten Lagerplatz. Von einer Mahlzeit zur nächsten, nur dass das mehr so ein unerfülltes Sehnen ist. Und – zumindest tun das die Frauen – von Dämmerung bis Morgengrauen. Wieder eine Nacht ohne Russenbesuch? Na, da darf man sich doch wechselseitig gratulieren!

Wenn dann die schweren Gedanken kommen an daheim, an ›was wird werden‹, dann versucht man sie rasch zu verscheuchen wie räudige Köter. Und spürt diese klamme Erleichterung, wenn es einmal mehr gelungen ist und sie den Schwanz einziehen.

Inzwischen gibt es einfach nichts mehr zu beißen, selbst auf Bezugsschein nicht. Die Leute verkaufen auch nichts mehr schwarz, weil sie alles horten, für noch schlechtere Zeiten. Wir haben noch ein paar Konserven, Bohnen und Graupen, feuchtes Mehl und ein wenig angefrorenes Gemüse. Bruna hat als eiserne Reserve zwei Speckseiten unter der Deichsel. Wegen der langen Kälte hat sich vieles bis Anfang April gehalten. Aber wir sind auf unserem Wagen nun mal zu siebt. So viele Mäuler kann ich unmöglich jeden Tag stopfen. Ich rationiere jetzt streng die wenigen Karotten und Äpfel, die noch übrig sind, damit jedes der Kinder täglich ein paar Vitamine zu sich nimmt. Mittags kochen wir zwei Kartoffeln mit Schale, Wasser und etwas Schwarte aus. Das ergibt dann einmal am Tag etwas Warmes. In der Hauswirtschaftsschule hat man uns gelehrt, dass der Mensch nur eine bestimmte Zeit ohne Vitamin C auskommt. Dann bekommt er Skorbut und es fallen ihm die Zähne aus. Gerlinde hat noch viele Milchzähne. Sie soll schöne bleibende Zähne bekommen, dafür möchte ich unbedingt sorgen. Ich weiß, das ist ein schrecklich eitler Gedanke, aber man denkt kuriose Sachen, wenn man den ganzen Tag so auf dem Kutschbock sitzt und in die stille, weiße Landschaft blickt.

Der Frost hört einfach nicht auf. Es ist, als wäre die ganze Welt eingefroren und warte nur drauf, dass dieser Irrsinn vorbei ist, bevor er sich einlässt, uns endlich den Frühling zu schicken.

Während unserer Fahrten ist es im Treck erstaunlich still. Das war am Anfang anders. Da haben die Kinder es noch als Abenteuer verstanden, sind herumgelaufen und haben alle möglichen ›Fuhrspiele‹ erfunden.

Es ist einfach nicht recht, dass Kinder so etwas erleben müssen. Dass die Frauen auf sich allein gestellt sind. Und dass ihre Männer sterben. Schon wieder. Vater und alle meine Onkel sind doch schon im letzten Krieg geblieben – das ist doch kaum ein

Spucken her. Mutter hat uns alle durchgebracht, sogar den Hof gerettet. Immer war es auch Kampf. Fast unser ganzes Leben über spricht alle Welt immer nur von Krieg.

Krieg an der Heimatfront, Krieg gegen die Zionisten, Krieg gegen sogenannte Volksverräter. Krieg gegen die Sozis, den Tommy, den Franzmann, den Polen, den Iwan, gegen die ganze restliche Menschheit. Alles Tun ist stets kriegswichtig: Geld geben für Kriegsreparationen, Kriegsanleihen zeichnen. Socken stricken für die Kriegswinterhilfe. Anstehen für Brot gegen Kriegsbezugsscheine. Blut spenden für Kriegsverwundete, Mullbinden rollen für Kriegslazarette, Särge schreinern für die Kriegstoten. Durchhalten für den Endsieg, im Krieg gegen die ganze Welt.

Mein Leben wird bestimmt von diesem einen verdammten Wort! Es nimmt uns die Väter, Männer und Söhne. Es nimmt uns alles, was im Leben wichtig ist: die Luft zum Atmen und die Christlichkeit.

Was soll das bloß? Man verzweifelt schier an den Menschen, und ein bisschen auch an dem da oben. Ich bete dennoch jeden Tag zu Gott, dass Bernhard, Willi, Richard und die Buben den Krieg überleben und dass wir alle irgendwann wieder friedliche Pläne machen können.

Und schließlich etwas erfahren, das sich anfühlt wie ein normales Leben.

Gerlinde

24. April 1945

Gestern hat Puppe ihr Fohlen bekommen. Erst dachte ich, sie ist krank, und hatte Angst, dass sie sterben muss. Da war so viel Blut im schmutzigen Schnee, sie hat geschnaubt und ihr

Bauch hat immer wie toll gezuckt. Aber irgendwann kam dann das Kleine aus ihr heraus. Das heißt, es ist eigentlich gar nicht so klein, nur im Vergleich zu seiner Mutti. Eigentlich ist es ein richtiges kleines Pferd, ein Mädchen, braun wie eine Kastanie, und mit einem kleinen weißen Fleck auf der Stirn. Es ist so, so niedlich! Kaum aus dem Bauch von Puppe raus, da hat es sich auch schon hingestellt. Erst mal so breitbeinig, das sah lustig aus, und es ist immer hin und her geschwankt. Puppe hat es immerfort abgeleckt und hat sich für nichts anderes mehr interessiert. Auch nicht für die Karotte, die ich ihr zur Feier des Tages geben wollte und die eigentlich für mich bestimmt war. Ich habe das Fohlen Blessie getauft, das passt gut. Mutti sagt, Onkel Willi wird es mir bestimmt schenken, wenn ich ihn nach dem Krieg darum bitte. Ach, was wäre das schön! Ich würde mich immer darum kümmern und wir wären ein Leben lang Freunde. Jetzt laufe ich immer neben Blessie her und versuche, es warm zu halten. Und mich auch, das ist praktisch, denn obwohl jetzt Frühling sein soll, höre ich noch immer nicht auf zu frieren. Mutti hat sogar erlaubt, dass ich eine unserer Decken aus dem Wagen hole. Am Anfang fand Puppe das nicht so gut, aber inzwischen hat sie wohl verstanden, dass ich es nur gut meine. Sie kennt mich ja schon lange, wir sind Freunde.

Onkel Karl hat gesagt, dass Blessie doch sehr passend kommt, heute, zu Führers Geburtstag. Als er das gesagt hat, sah Oma Sobbels so aus, als würde sie ihm gleich eine langen wollen. Hat sie aber nicht, sondern ihn angeraunzt: »Lass dem Kind die Freude und halt dein ungewaschenes Säufermaul.«

Mutti sagt, wir bleiben jetzt in dieser Scheune und ich kann mich den ganzen Tag um das Fohlen kümmern. Sie sagt auch, dass der Krieg bald aus ist. Weil die Deutschen die Stadt ›aufgegeben‹ hätten. Das verstehe ich nicht, denn hier sind ganz viele Deutsche, die von zu Hause wegmussten, allein in der Scheune sind wir wohl über 40 Leute. Das macht mir aber nicht viel aus.

Als man in den letzten Tagen von Ferne Bombenangriffe hörte, war ich froh, dass wir so viele waren. Allein wäre ich gestorben vor Angst.

Wenn der Krieg aus ist, können wir nach Hause! Auch wenn der Russe meine Susi mitgenommen hat. Damit habe ich mich schon beinahe abgefunden. Dann gibt es endlich wieder mehr zu essen, ich kann mit Blessie spielen und zur Schule gehen, und alles wird wieder gut. Aber Mutti sagt auch nicht immer die Wahrheit. Letzte Woche wollten ein paar Burschen wissen, wie alt Ari und Ekkehard sind. Da hat sie gelogen und sie für viel jünger erklärt. Sie hat mir später gesagt: »Das war eine Notlüge, damit die beiden nicht auch noch in den Krieg ziehen müssen.« Deshalb war das wohl eine gute Schwindelei. Aber ich bin sicher, wenn ich mal dasselbe täte, dann gäbe es eine Tracht, die sich gewaschen hätte.

Elisabeth

1. Mai 1945

Hitler ist tot.

»Gefallen fürs Vaterland«, schwadroniert Karl.

Wie bitte? In seinem Bunker in Berlin?

Ich verkneif's mir. Wenigstens ist jetzt bald Schluss mit diesem Irrsinn. Oh, gütiger Gott, wie sehr ich darauf hoffe!

8. Mai 1945

Es ist vorbei! Deutschland hat kapituliert. Gott hat mich erhört. Ein schöneres Geschenk kann's für mich eigentlich gar nicht geben. Eigentlich. Denn ich bin ja »die mit dem großen Aber«. Das hat Bernhard früher immer im Scherz über mich gesagt. Weil ich mich so viel sorge. Weil ich immer alles planen möchte. Weil ich gern weiß, was ich als Nächstes tue.

Eigentlich möchte ich ja auch heulen vor Freude. So wie Mutter vorhin und viele der anderen Frauen. Sogar einige Männer habe ich flennen sehen. Nur habe ich schon lange keine Tränen mehr, nicht für gut und nicht für schlecht. Ich freue mich, natürlich, irgendwie. Sehr sogar, ja, aber ich kann das Gefühl nicht halten.

Kaum geht die Nachricht hier herum wie ein Lauffeuer, schießt mir gleich durch den Kopf, was jetzt zu tun ist, ob wir nach Hause sollen oder hier erst einmal abwarten, oder ob wir besser weiter in den Westen gehen, zum Engländer. Wo ich bald etwas zu essen herbekomme für die Kinder. Wie ich die Flöhe loswerde, die Ari sich eingehandelt hat und die wir bestimmt bald alle haben, wenn mir nichts Gescheites einfällt. Wo ich etwas herbekomme, um meine Mens aufzuhalten. Wo Bernhard ist. Ob Willi am Leben ist. Was mit den Alten ist, in Wiesenau. Es geht drunter und drüber in meinem Kopf. Und ich schäme mich dafür, Gott, wie ich mich schäme: Undankbar bin ich, dass ich dieses Geschenk nicht richtig annehmen kann. Dass ich nicht demütiger sein kann! Dass ich nicht wenigstens für einen kleinen Moment mal aufhören kann zu denken.

Ich sollte beten, ja, das muss ich auf jeden Fall jetzt tun. Ich danke unserem Herrn, dass wir es bis hierher geschafft haben, und bete darum, dass wir unsere Männer wiedersehen. Ich bitte ihn, dass ich künftig die richtigen Entscheidungen treffe. Darf ich mit Mörike beten? Sind dann ja nicht meine Worte, aber sei's drum:

Herr! Schicke, was Du willst.
Ein Liebes oder Leides.
Ich bin vergnügt, dass beides
Aus Deinen Händen quillt.

Wolltest mit Freuden
Und wolltest mit Leiden
Mich nicht überschütten!
Doch in der Mitten
Liegt holdes Bescheiden.

Gerlinde

8. Mai 1945

Mutti hat heute Geburtstag! Und der Krieg ist aus!

Alle sind sich um den Hals gefallen, haben gejuchzt und sind auf die Straßen vor dem Sägewerk gelaufen. In der Ferne haben sogar ein paar Kirchenglocken geläutet. Das war schon ein bisschen komisch, denn Ari sagt, wir haben den Krieg verloren.

»Besser den Krieg als das Leben«, hat Oma Sobbels dazu gemeint. Da hat sie recht. Deshalb sind wohl alle ziemlich froh, dass es jetzt endlich vorbei ist, auch die Leute, die vorher so dolle für den Krieg waren. Weil wir jetzt endlich alle keine Angst mehr haben müssen, erschossen zu werden.

Ich freue mich so sehr, ich weiß gar nicht, wohin mit mir! Mizzi, Palaschka, Inge und ich haben gerade ein kleines Freudentänzchen aufgeführt. Alle haben gelacht und viele haben auch geweint, aber natürlich vor Glück. Mutti nicht, sie hat nur die ganze Zeit gelächelt, vor allem als Klausches ihr gratuliert haben und gesagt: »Na, Elisabeth, du bist ja eine echte Geburtstagsglücksmamsell!«

Mutti ist immer sehr beherrscht und lässt sich, außer wenn sie sich ärgert, nicht so viel anmerken. Wenn es ihr gut ist, dann sieht man es kaum, und geht es ihr sehr schlecht, dann auch nicht. Doch ich weiß ja, dass sie sich genauso wie wir alle freut, ich weiß es genau.

Denn jetzt fahren wir heim, nach Matschdorf! Papa und Onkel Willi kommen nach Hause. Und dann wird alles wieder gut.

Gerlinde

10. Mai 1945

Mutti sagt, sie müssen jetzt alle gründlich beraten, wie es weitergeht.

Ich dachte erst, ich hör nicht recht!

»Gehen wir denn nicht wieder heim?«, hab ich sie bang gefragt. Da hat sie nur die Schultern gezuckt und gesagt: »Man wird sehen.«

Oma Sobbels, die Klausches und die anderen Erwachsenen wollen sich heute Abend ›zusammensetzen‹. Wir Kinder dürfen nicht dabei sein. Warum eigentlich nicht? Ich finde das ungerecht. Es ist schließlich auch unser Zuhause!

Wo sollen wir denn sonst hin, wenn nicht zurück nach Matschdorf? Hier ist es grässlich. Wir lagern seit Wochen in diesem blöden alten Sägewerk, jetzt sind's bestimmt schon 60 Mann. Es gibt bloß eine Toilette, die widerlich stinkt, und es ist furchtbar schmutzig überall. Überall rennen Mäuse umher, eine Ratte habe ich heute am Abend auch schon gesehen, gleich hinter dem Rad unseres Wagens.

Viele hier sind krank, die husten wie verrückt, oder sie haben andauernd Durchfall. Die mit dem ›Flotten‹ gehen jetzt nach draußen und suchen sich da ein stilles Örtchen. Um die Hallen herum gibt's aber nicht viel, erst in einem Kilometer oder so, da stehen ein paar Bäume. Deshalb muss man jetzt draußen überall aufpassen, wohin man tritt. Das ist so eklig!

Uns fällt auch nichts zum Spielen mehr ein. Inge Klausche findet Mizzi und mich urplötzlich zu klein, um sich länger mit uns abzugeben. Sie macht einem Burschen aus einem anderen Treck schöne Augen. Das wiederum findet ihre Mutter ziemlich blöd. Unschicklich sei das, wiederholt sie immer wieder, und dann schimpft sie wie ein Rohrspatz mit Inge. Aber ich glaube, die langweilt sich bloß. So wie wir alle.

Die Mädchen dürfen wegen dem bescheuerten ›Schicklich-Sein‹ bei Tag und Nacht das Gelände des Sägewerks nicht verlassen. Wir dürfen immer nur zu zweit herumgehen, und auch nur, solange es hell ist. Das ist mal wieder so ungerecht! Die Jungschen stromern den ganzen Tag in der Gegend umher. Vor allem, seit sie herausgefunden haben, dass der Amerikaner ihnen nichts zuleide tut, sondern manchmal sogar ein Stückchen SchokaCola rausrückt. Seitdem sie das spitzgekriegt haben, sind sie tagsüber fast nie mehr in der Halle oder in den Nebengebäuden. Von der SchokaCola kriegen wir Mädel natürlich nie etwas ab! Wenn sie zurückkommen, haben sie immer schon alles ganz allein verputzt.

Einmal sind sie sogar mit Puppe und Blessie umhergeritten. Nicht auf Blessie natürlich, die ist noch zu klein zum Draufreiten. Ich wäre beinahe geplatzt vor Zorn. Ich war so neidisch, das ist alles dermaßen ungerecht! Aber Mutti hat mir strikt verboten, dass ich da mittue. Zu klein wäre ich. Und außerdem ein Mädchen. Dabei soll Blessie doch mein Pferd sein, allerspätestens wenn wir wieder zu Hause sind.

Es wird dauernd gezankt, um nichts und wieder nichts, und ich möchte am liebsten den ganzen Tag auf unserem Wagen liegen und mich wegträumen. Oder schlafen, das ist noch besser, weil ich dann nicht merke, was für einen Hunger ich habe. Manchmal schmuse ich mit Blessie, das ist ganz schön, aber auch langweilig, so auf Dauer.

Oder ich spiele mit Mizzi Himmel und Hölle. Karl findet, das sei ein ganz passender Name für unser jetziges Leben.

»So, hat Mutti ihn gefragt: Wo ist denn der Himmel? Am Boden deiner Flasche?«

Es gibt wirklich keine Sache, bei der die beiden sich nicht postwendend in die Haare kriegen, man mag es einfach nicht mehr hören!

Manchmal gehe ich mit Mizzi los, und wir rupfen Unkraut, hinten, am Stacheldrahtzaun vom Sägewerk. Man muss schon höllisch aufpassen, dass man sich nicht am Draht ritzt, davon kriegt man Wundstarre, wenn man Pech hat, und das ist lebensgefährlich, sagt Mutti. Aber wenigstens hat dort noch kaum einer hingemacht, und Blessie und Puppe brauchen ja auch etwas zu essen. Blessie hat es gut, die kriegt noch Milch von ihrer Mutter. Aber trotzdem sind beide inzwischen furchtbar dünn, bei Puppe sieht man bei jedem Atemzug die Rippen. Sie sieht alt und schwach aus. »Ist sie aber nicht, eine Vierjährige ist sie«, sagt Ekkehard.

Trotzdem bleibt sie immer ganz dicht bei ihrem Fohlen, beschnuppert und betütert es. Das machen wohl alle Mütter so. Vor allem, wenn ihre Kinder noch klein sind. Ari, Ekkehard und ich sind natürlich schon groß. Unsere Mutti betütert uns deshalb nicht mehr. Aber dass sie immer Kummer um uns Kinder hat, das merkt man ihr an. Ich wünschte, ich wär auch noch ein Säugling! Dann müsst ich das alles hier noch gar nicht verstehen, könnte immerzu schlafen und würde die ganze Zeit von irgendjemand geschuckelt, warm gehalten und besungen.

Gestern ist Ekkehard mit einem riesigen Ballen Leder angekommen, der so schwer war, dass er ihn kaum wuchten konnte. Den hat er irgendwo in der Nähe aus einer verlassenen Fabrik mitgenommen. Mutti war sehr böse und hat ihn angebrüllt: »Das ist Diebstahl!«

Na ja. Stimmt vielleicht. Andererseits machen das ja jetzt fast alle hier so. Plündern nennt man das, und das ist streng verboten, aber so richtig unrecht kann ich es nicht finden. Weil kaum einer noch etwas hat, das er gegen etwas zu essen eintauschen kann, nimmt er eben das, was er anderswo findet. So hat mir Ari das erklärt. Ich finde das verständlich. Vor allem, wenn die Leute gar nicht mehr da sind, denen es mal gehört hat. Ekkehards Plündergut war aber nicht recht zu etwas nutze.

»Leder ist wie leider, nur ohne i!«

Das kam als dummer Spruch von Karl. Sicher ist der nur neidisch, dass Ekkehard etwas abgestaubt hat und nicht er. Recht hat er aber: Leder kann man nun mal nicht essen. Noch nicht mal drauf herumkauen darf man, weil das ›gegerbt‹ ist und dadurch giftig. Na ja, und Ekkehard weiß eben auch nicht, wo jemand ist, der gerade dringend Leder braucht und einen Kanten Brot dafür tauscht. Er hat den Ballen jetzt erst mal auf unseren Wagen gehievt und ihn unter unseren Habseligkeiten verstaut. Werkzeug und Töpfe hat er obenauf getürmt, so dass niemand den Ballen sieht. Irgendwann können wir ihn bestimmt gebrauchen, davon ist er überzeugt. Ich finde es ja gut, dass Ekkehard so zuversichtlich ist, und Mutti hat dann irgendwann auch Ruhe gegeben.

Ich habe solch einen Hunger, dass es sich anfühlt, als wäre da ein Tier in meinem Bauch, das die ganze Zeit wie toll herumrennt und an meinen Eingeweiden knabbert! Ich möchte endlich nach Hause! Es ist doch Frühling, und es wächst ja bald etwas in unserem Garten. Da hätten wir dann doch wieder etwas zu essen. Und aus der Eilang holen wir uns den frischen Fisch. Ich schäme mich jetzt, dass ich mich früher immer so mäkelig angestellt habe, mit den ollen Aalen und so. Mutti hatte recht: Ich war ja derart undankbar! Das möchte ich wiedergutmachen. Ich schwöre, ich will mich bestimmt nie mehr beschweren, wenn es wieder einmal etwas gibt, das ich nicht so gern esse.

Ach, ich bin ganz sicher: In Wiesenau, bei Oma Sobbels hinten auf dem Hof, da gibt es bestimmt noch ein paar Kühe und Hühner. Und Johannisbeeren und Kirschen! Die kann der Russe ja unmöglich schon alle aufgegessen haben, weil die ja noch gar nicht reif sind. Und wo doch jetzt Frieden ist, gibt er uns bestimmt etwas davon ab.

Schau nicht her

Elisabeth

14. Mai 1945

Wir gehen geschlossen zurück. In die sowjetische Zone. Das ist jetzt die Marschroute. Die Nachrichten von zu Hause sind spärlich, doch es muss furchtbar viel gebombt worden sein. Das wird bestimmt ein schlimmer Anblick. Wir können nur kniefällig beten, dass Klara und die beiden Alten die Fliegerangriffe und die wütenden Rotarmisten überlebt haben.

Von allen Möglichkeiten – hierbleiben, weiterziehen oder zurückgehen – gibt es doch nur eine wirklich sinnvolle: Wenn Willi, Bernhard und die anderen uns suchen, dann doch wohl zuerst in Matschdorf oder Wiesenau. Die finden uns ja nie mehr wieder, wenn wir jetzt nach Göttingen gehen oder noch weiter rein in die amerikanische Zone.

Vielleicht wird es ja gar nicht so schlimm beim Iwan. Schließlich haben wir ja kapituliert, und der Russe hat nun hoffentlich, was er wollte.

Zwei Seeelen habe ich da in meiner Brust: Eigentlich würde ich gern noch weiter nach Westen ziehen. Seltsam, obwohl ich gar nicht weiß, nach wohin denn dort. Auch könnte Palaschka dahin mit uns kommen.

Hier kommt jeden Tag zuhauf Volk vorbei, das weg ist vor den Rotarmisten. Aus Panik vor Vergeltung für all das, was die Deutschen in Russland angerichtet haben sollen. Und weil auch die Polen sie raustreiben, zu Tausenden und Abertausenden. Na, verdenken kann man's ihnen nicht. Nicht wenige ziehen aber auch, so wie wir nun bald, in die andere Richtung. Gen Osten, nach Hause. Nach Hause?

Ich habe einfach eine Riesenangst vor dem, was uns zu Hause erwartet. Vor der Verwüstung, vor den Toten, die es unweigerlich gegeben hat. Vor den russischen Einheiten, die bei uns jetzt hausen. Die Amerikaner und die Engländer sind manierlicher. Das sagt man wohl nicht nur so, wir hören und sehen es hier jeden Tag. Na, die haben wir auch nicht hinterrücks überfallen, trotz ›Nichtangriffspakt‹.

Seitdem wir über die Elbe sind, sind wir beim US-Besatzer. Die Soldaten des Amerikaners, hat Ekkehard mir erklärt, die nennen sich Tschie-Eis. Wofür das steht, er wusste es auch nicht. Man hat gemerkt, wie ihn das gefuchst hat. Ekkehard mag es gar nicht, wenn er mal was nicht weiß.

Über die Tschie-Eis können wir bisher nicht viel Übles sagen. Gestern kamen sie zu viert im Kübelwagen angefahren, das Sägewerk inspizieren. Was haben wir einen Bammel gehabt, als die alle gleichzeitig mit ihren Maschinengewehren raussprangen!

Erst haben sie nur rumgebrüllt, wie Militärs das nun mal tun. Gerlindchen klebte mir wie gewohnt am Rock und war wie toll am Plärren. Dann hat sich einer von denen vorn an der Tür aufgebaut und in ganz passablem Deutsch gefragt, wie viele wir hier sind und wo wir herkommen. Keiner hat sich zu antworten getraut.

Ach, und ob sich vielleicht noch Nazis unter uns befänden? Dann hat er so komisch gelacht und seinen Kameraden feixend etwas zugerufen. Die fanden das anscheinend ebenfalls sehr witzig und haben es feixend auf Englisch kommentiert.

»Hier sind nur Frauen, Kinder und alte Leute«, hat Frau Klausche schließlich sehr mutig geantwortet. »Keine Nazis.«

»Oh!«, hat der Ami gespielt überrascht ausgerufen. »Ich wusste gar nicht, dass es bei der Seuche eine Altersgrenze gibt? Hat das Doktor Virchow für euch herausgefunden?«

Dann hat er das wohl für seine Kameraden übersetzt, die haben sich jedenfalls vor Lachen gebogen.

So ein ganz Gebildeter. Und ein Eingebildeter noch dazu. Nun gut, dass die einen Rochus auf uns Deutsche haben, kann ich mir zwar vorstellen. Müssen vom anderen Ende der Welt kommen, nur um hier bei uns die Braunen zur Räson zu bringen.

Was Menschen einander antun, es ist schon ein echtes Trauerspiel. Und diese Großmannssucht von Hitler, das konnte ja nicht gut gehen. Hat Bernhard von Anfang an gesagt.

Nun, vielleicht wird's ja in Zukunft anders. Nach zwei entsetzlichen Kriegen sollten wohl auch die Letzten des Kämpfens müde sein. Gibt ja bestimmt keine Familie mehr, wo nicht einer gefallen ist. So wie Vati.

Ich bin es jedenfalls: Ich bin derart müde, ich hör jede Faser meines Körpers ächzen. Auch wenn ich nie mit der Waffe kämpfen musste. Aber, na ja, wir Frauen kämpfen ja auch, irgendwie.

Man macht sich natürlich auch Vorwürfe. Eigentlich hat man doch immer versucht, menschlich zu bleiben in all der giftigen Propaganda, oder etwa nicht? So wie bei den Fremdarbeitern bei Mutter auf dem Hof, die hätten es wahrlich schlechter treffen können in Gefangenschaft. Oder mit Palaschka. Sie ist uns allen doch sehr ans Herz gewachsen: ein liebes Mädel, das zu Hause in Russland wirklich das Grauen gesehen haben muss. Wir haben uns zusammengereimt, dass ihre Eltern mit den Deutschen kollaboriert haben. Nicht alle Russen standen ja mit der Wehrmacht auf Kriegsfuß, jedenfalls nicht zu Anfang. Und dass die Bolschewiken das mit Palaschkas Eltern dann mitbekommen haben. Die sind sicher auch nicht zimperlicher zu Werk geschritten als unsere Sturmtrupps.

Wieso sollten sie sonst von ihren eigenen Landsleuten erschossen worden sein? Und wie sollte Palaschka sonst zu den Deutschen gelangt sein? Als ein paar SS-Offiziere sie im Sommer vor drei Jahren bei Mutter auf dem Hof abgeliefert hatten, war sie völlig verlaust, verwahrlost und mit so einem irren Blick.

»Die kann euch mit dem Vieh helfen«, haben die Schwarzröcke gemeint, ohne weiteren Kommentar, und sind postwendend wieder abgezogen. Bernhard sagt, ich soll nicht immer ›Schwarzröcke‹ sagen. Damit seien doch ursprünglich Pfarrer gemeint. Ich hab aber mal was über die Schergen des Duce in der Zeitung gelesen. In Italien haben die genauso Angst und Schrecken verbreitet wie hier die Braunen, nachdem sie dem Volk vorher ebenso dick Honig um den Bart geschmiert haben. Das ganze Herrenmenschengerede, das konnten die ebenso gut. Ist mir also egal, ich sage weiter ›Schwarzröcke‹.

Palaschka war jedenfalls völlig verängstigt, hat immer nur »da, da, da« gesagt, wenn man sie etwas gefragt hat. Mutter hat sie zu Beginn erst einmal abschrubben und entlausen wollen, aber da hat sie wie am Spieß geschrien und gezittert wie Espenlaub. Daraufhin hat Mutter sie in Ruhe gelassen, hat ihr ein paar abgelegte Kleider gegeben und sie mit Brot, Wurst und einem Krug Milch in die Winterscheune gesteckt. Eine Woche lang ist sie da nur rausgekommen, um sich zu erleichtern. Mutter hatte dann die Idee, Gerlinde und Mizzi zu ihr zu schicken, immer wenn die bei ihr auf dem Hof waren.

Vielleicht fürchtet das Mädel sich ja bloß vor Erwachsenen, meinte sie eines Tages zu mir. Das war ein kluger Einfall: Die Mädel haben dann Palaschka ab und an etwas Warmes zu essen gebracht. Aber auch das hat sie erst nach einer Woche angerührt.

Irgendwann hat die Kleine dann ganz von sich aus und unaufgefordert begonnen, im Morgengrauen die Kühe zu melken. Ein paar Tage später stand sie dann auf einmal bei Mutter in der Küche, hat fragend geguckt und schüchtern ein paar Gesten gemacht, dass sie helfen wolle.

Im Laufe der Zeit hat sie erst nur ein paar Brocken Deutsch aufgeschnappt, dann nach und nach recht viel gelernt. So einen richtigen Satz nach vorn, den hat sie Ende letzten Jahres gemacht. Auch wenn sie nicht viel spricht, so wissen wir doch, dass sie so gut wie alles versteht, was wir sagen.

Gerlinde liebt sie abgöttisch. Sie ist für sie fast so etwas wie die große Schwester, die sie sich immer gewünscht hat. Deshalb wollte sie fortan auch immerzu nach Wiesenau, zu Mutter auf den Hof. Mittlerweile wetteifern Mizzi und sie geradezu um Palaschkas Gunst, und es sieht aus, als ob Gerlinde in dem Rennen leicht vorne liegt.

Jetzt, da Palaschka passabel Deutsch spricht, beginnt sie jedes Mal zu zittern, wenn bei uns mal vom ›Russen‹ die Rede ist.

Das heißt aber auch: Wir können sie auf keinen Fall wieder mit zurücknehmen. Es bricht mir schier das Herz, wenn ich darüber nachdenke. Nicht nur, dass sie ein zweites Mal in so kurzer Zeit ihre Leute verliert – na ja, wir sind ja fast schon so etwas wie ihre zweite Familie, irgendwie ist sie ein Teil von uns geworden. Nein, ich muss auch noch Gerlinde erklären, dass wir Palaschka hierlassen müssen. Oder dass sie hier bleiben will, beziehungsweise, dass sie hier bleiben muss.

Mitte '43 war es, da hat sie das erste Mal darüber gesprochen, warum sie nicht mehr in Russland ist und was ihren Eltern dort zugestoßen ist. Und nicht nur denen: Die haben offenbar ihre ganze Familie ausgelöscht. Nun ist sie fest davon überzeugt, dass die russischen Soldaten kurzen Prozess mit ihr machen, wenn sie mit uns zurückgeht. Vielleicht stimmt das ja auch. Klausches haben mir erzählt, dass die Bolschewiken das sogar mit ihren eigenen Leuten machen, also solchen, die zu Kriegsgefangenen geworden sind. Die gelten dadurch quasi automatisch als Überläufer. Das muss man sich mal vorstellen! Alle metzeln alle dahin. Wie barbarisch die Welt im Krieg ist, man mag es einfach nicht fassen.

Was machen wir also mit dem Mädel? Mutter meint, wir sollten sie zur Kommandantur bringen, zum Amerikaner. Die wüssten dann schon. Wenn da mal nicht der Wunsch Vater des Gedankens ist. Wieso sollten die denn ausgerechnet so ein Mädel schützen, das keine Angehörigen mehr hat, das deutsch spricht und vor Kurzem noch beim Feind war?

Gerlinde

15. Mai 1945

Palaschka weint nun schon seit heute Morgen. Ich wollte sie trösten, aber sie hat immer nur gemurmelt: »Musst nich, musst nich.«

Jetzt hat Mutti gerade angekündigt, dass wir sie hierlassen müssen. Ich will das nicht! Sie gehört doch zu uns! Sie kann doch hier nicht ganz alleine bleiben! Ich hab auch gleich angefangen zu heulen, als ich das gehört habe. Weil das doch einfach nicht geht!

Ari glaubt, der Amerikaner wird sich schon kümmern; woher will er das wissen? Außerdem ist sie meine Freundin, fast meine große Schwester. Ich bin so schrecklich traurig. Ich überlege schon, ob ich nicht mit ihr hierbleiben kann. Palaschka tut mir so furchtbar leid, und ich tue mir auch irgendwie leid: Ich will sie doch auf keinen Fall verlieren. Ich habe Mutti gesagt: Wenn doch kein Krieg mehr ist, dann tut der Russe ihr doch auch nichts mehr! Aber sie hört nicht auf mich.

Mir hört sowieso nie jemand zu.

Elisabeth

18. Mai 1945

Wir waren heute früh mit dem Mädel auf der Kommandantur in Bitterfeld. Die Stadt ist tatsächlich kaum zerstört, obwohl hier so viel Industrie ist. Es gab ja jede Menge Zwangsarbeiter, die laufen jetzt hier fast genauso orientierungslos umher wie wir und betteln um Essen. Um die Kommandantur lungern besonders viele von ihnen herum. Wenn sie es schaffen, sich als Nicht-Deutsche auszuweisen, dann geben ihnen die Amerikaner etwas und bringen sie in eigens für sie geräumten Baracken am Stadtrand unter. Das hat Hermann Klausche erzählt, und der hat es von einem Fuhrwerksbesitzer, der seit Neuestem für die Amis fährt. Es gibt doch immer ein paar ganz Schnelle, das werden die ersten Kriegsgewinnler.

Gerlinde wollte unbedingt mitkommen. Seit ein paar Tagen hängt sie an Palaschkas Rockzipfel anstatt an meinem, auch, weil ich ihre erneute Klammerei irgendwann nicht mehr ertragen konnte. Dann wieder tut sie mir nur unendlich leid, wie sie da steht, immer mit einem Anflug von Röte in ihrem hübschen Püppchengesicht, so dass man immer meint, sie beginne jeden Moment zu weinen. Doch für Trost fehlt mir einfach die Kraft.

Die Uniformierten haben ziemlich dumm geguckt, als wir gleich vier Männeken hoch mit Palaschka da standen. Erst einmal mussten wir zwei Stunden warten. In einer Reihe mit Leuten, die wohl irgendwie von den Uniformierten befragt werden sollten, und die bestimmt nicht ganz so freiwillig dort waren wie wir.

Angst hatte ich keine. Das Gebäude, das die Amerikaner für sich besetzt haben, ähnelt von außen mehr einem großen Hotel.

Viele Soldaten und Obere, gut frisierte Männer in Zivil, Frauen in Uniform (in Nylons ohne Naht!) und allerlei abgerissenes Volk – Deutsche, die sich wohl angedient haben für Botengänge oder Handreichungen – liefen angelegentlich durch die zahlreichen Gänge. Es wurde nicht ein einziges Mal herumgebrüllt, und niemand hat mit einem Gewehr vor uns herumgefuchtelt. Nur vor dem Haupteingang standen sie noch, bewaffnet bis an die Zähne, aber allesamt ganz zwanglos und mit Zigarette im Mundwinkel.

Als wir dann endlich an der Reihe waren, wurden wir von einem Soldaten in eine Art Amtsstube geführt. Da stand doch wahrhaftig ein Neger vor uns! Mein Gott, so ein Hüne von einem Mann! Wir waren alle erst einmal völlig sprachlos. Ich selbst habe ja noch nie einen echten Neger gesehen – also einen, der sich bewegen kann und spricht. Nur den Jesse Owens, damals bei Olympia. Den haben sie in der Wochenschau in Frankfurt/Oder gezeigt.

Ekkehard fand als Erster die Sprache wieder und hat mit seinen paar Brocken Englisch dem Tschie-Ei klarmachen wollen, dass Palaschka unmöglich mit uns zum Russen reinkann. Er hat immer auf das Mädel gezeigt und gesagt: »Schie Russki!«

Der Neger-Ami hinter seinem Tisch hat reichlich dumm geguckt und wollte uns anfangs bloß möglichst schnell abwimmeln.

»Schie fiers Russki!«, hat Ekkehard immer wieder gesagt.

Er kann ja eine echte Zecke sein, mein Sohn: Andauernd hat er das wiederholt, hat eine wilde Pantomime aufgeführt mit weit aufgerissenen Augen und ängstlich vor der Brust verschränkten Armen. Hat aber alles nichts genutzt.

Als der Tschie-Ei uns schon zur Tür hinausbugsieren wollte, hat Palaschka wieder zu heulen begonnen. In ihrer Not hat sie angefangen, irgendwas auf Russisch zu murmeln. Woraufhin sie dem Ami wohl leidtat und er endlich kapiert hat, dass sie nicht zu uns gehört, also kein deutsches Mädel ist.

Er hat ihr ein Papiertaschentuch gegeben, damit sie sich die Nase putzen kann. So etwas hatte das Mädel aber vorher noch nie gesehen, deshalb wollte sie es ihm gleich vollgerotzt zurückgeben. Da hat er sogar gelächelt – meine Güte, was für blendend weiße, makellose Zähne! – und ihr bedeutet, sie solle es in den Eimer in der Zimmerecke werfen. Sie hat es sich aber lieber schnell in den Ärmel gesteckt. Woraufhin er noch breiter gegrinst hat.

Ekkehard hat dann begonnen, auf dem Resopaltisch mit Spucke ein Bild zu zeichnen. Um dem Ami klarzumachen, was Palaschka und ihren Eltern zugestoßen ist. Das fand der Tschie-Ei – nicht zu Unrecht – eklig. Er hat Ekkehard auf Englisch angeraunzt, ist so plötzlich aufgesprungen, dass wir alle ein paar Schritte zurückgewichen sind, und hat »Wäit!« gebrüllt. Dann ist er zur Tür hinaus.

Ein paar Minuten später ist er mit einem anderen Tschie-Ei zurück, einem Weißen mit deutlich mehr Lametta an der Brust. Der konnte einige Brocken Deutsch. Ekkehard und ich haben dann endlich alles erklären können. Mit Händen und Füßen, aber mit Erfolg.

Die beiden Amis sind auf den Korridor, haben da ein paar Minuten leise konferiert. Ernst dreingeblickt haben sie, und ich dachte schon, jetzt setzt es gleich noch Arrest für uns. Man weiß ja noch nicht, was man von denen halten kann.

Der mit dem vielen Lametta kam dann zurück in die Amtsstube und hat uns erklärt, wir müssten Palaschka dalassen. Sie sei eine »displäist person« und man werde sie »in Gewahrsam« nehmen. Er meinte wahrscheinlich »in Obhut«, aber so klang es mehr nach Gefängnis oder Lager.

»Jetzt gleich?«, habe ich gefragt, und er hat bloß genickt.

Gerlinde fing daraufhin sofort lautstark an zu flennen und hat fürchterlich rumkrakeelt, dass sie das nicht will und dass sie Palaschka auf keinen Fall hergibt. So habe ich sie vorher noch nie erlebt. Es war mir schrecklich peinlich. Palaschka hat schließlich auch wieder zu heulen begonnen. Ich war zwar etwas ärgerlich über die beiden, doch mir stand ja fast selbst das Wasser in den Augen.

Die beiden Amis haben dann drei kurze Telefonate geführt. Bald darauf kam eine amerikanische Frau in nahezu gleicher Uniform wie die der Männer, um Palaschka abzuholen.

Das Mädel hat uns alle lange umarmt, und Gerlinde und sie haben so furchtbar geweint, dass es mir schier das Herz zerrissen hat. Die amerikanische Frau war auffallend geduldig mit uns, das muss ich sagen. Immerhin hat sie uns Zeit gegeben, uns zu verabschieden.

Palaschka hatte nichts bei sich als das, was sie am Leibe trug. Wir wussten ja nicht, dass sie gleich dort bleiben würde. Wenigstens mein Paar gute Schuhe würd' ich ihr mitgeben wollen.

So konnte ich sie nur kräftig drücken, ein Gebet für sie sprechen und hoffen, die Amerikaner sind gut zu ihr. Denn ich kann mir nicht vorstellen, dass wir einander je wiedersehen.

Gerlinde

19. Mai 1945

Ich bleibe jetzt auf unserem Wagen, bis wir wieder in Matschdorf sind. Das habe ich Mutti gesagt, und sie ist darüber sehr ärgerlich geworden.

»Nu lass sie doch!«, hat Oma Sobbels zu ihr gesagt und sie beiseitegenommen, damit ich sie nicht reden höre. Habe ich aber doch.

»Das Mädel muss das doch erst mal alles verknusen, Lieschen.«

Mutti sah das anders.

»Du und deine Flausen!«, hat sie böse in meine Richtung gerufen.

»Du tust, was ich dir sage, es gibt hier keine Extrawürste!«

Doch dann hat sie es sich wohl anders überlegt. Denn ich bin jetzt schon viele Stunden hier oben, und ich gehe auch erst runter, wenn ich ganz doll muss und es nicht mehr aushalten kann. Mir ist so schwer zumute, dass mir alles wehtut im Bauch. Ein bisschen wohl auch, weil ich schon seit gestern Mittag nichts mehr gegessen habe, aber von allem wegen Palaschka.

22. Mai 1945

Wenn ich jetzt den Kopf durch die Plane rausstecke, dann muss ich gleich wieder heulen. Ich will das alles nicht sehen. Überall ist nur Schutt und Dreck, und alles ist kaputt. Gestern hat ein kleines Mädchen mit dem Gesicht nach unten im Graben gelegen, sie hatte einen roten Mantel an. Ich habe geschrien: »Mutti, guck mal, das kleine Mädchen, das braucht Hilfe!«

Aber Mutti hat mir nicht geantwortet. Alle sind schweigend weitergegangen oder -gefahren und keiner hat etwas gemacht. Es war ganz still, man hat nur die Räder von unserem Wagen gehört und die Hufe von Blessie und Puppe. Ich habe geheult und gebrüllt, und dann ist Oma gekommen und zu mir auf den Wagen geklettert. Sie hat mich in den Arm genommen und gemeint, ich soll mich doch nun beruhigen. »Schau da nicht hin!«, hat sie immer wieder gesagt. Dass das kleine Mädchen schon längst tot gewesen ist, und nur deshalb wäre da keiner hingegangen. Ari ist dann neben unserem Wagen hergelaufen und hat mir nach oben – wichtig, wichtig – erklärt, dass Leichen nun mal giftig sind. Dass man die Finger davonlassen muss. Weil man sonst krank wird.

Der ist so neunmalklug, ich hasse ihn.

Ich habe mich gefragt, wo die Mutti von dem kleinen Mädchen ist, und es hat mich schrecklich traurig gemacht, weil ich mir vorgestellt habe, dass das Mädchen ganz allein war, als es gestorben ist, und dass es da jetzt für immer liegen bleibt und sich keiner um es kümmert. Das ist so furchtbar, ich kann einfach nicht aufhören zu weinen.

Elisabeth

2. Juni 1945

Wir schaffen etwa zwölf Kilometer am Tag. Mehr nicht. Gestern sind wir bei Torgau über die Elbe und damit auch in der Besatzerzone der Roten. Obwohl mir nie klar ist, wer hier jetzt wo das Sagen hat. Die Siegermächte teilen sich das Gebiet hier jetzt offiziell, aber je weiter wir Richtung Osten gehen, desto mehr Russen gibt es.

Die, vor denen wir weggelaufen sind, dürfen jetzt darüber entscheiden, was wir tun und lassen. Oder ob wir überhaupt am Leben bleiben. Als ich das dem Ehepaar Klausche gegenüber erwähnt habe, fing sie gleich an zu flennen, und er meinte nur lakonisch: »Nee, das sind die, die wir überfallen haben.«

Das macht es für uns natürlich viel einfacher, du meine Güte! Ich habe eine derartige Angst, was uns in Wiesenau erwartet, dass ich angefangen habe, meine Nägel zu kauen. Ich verabscheue mich dafür, denn es sieht hässlich aus und ist obendrein unhygienisch. Den Kindern habe ich das stets verboten und oft mit ihnen geschimpft. Ari hat von mir sogar mal Rizinus auf den Daumen bekommen, damit er es endlich dreingibt. Doch ich bemerke meist gar nicht, dass ich knibbele. Erst wenn es anfängt, so richtig wehzutun. Vielleicht ist das ja der Sinn der Sache: ablenken von all dem, was sonst wehtut.

Gerlinde

2. Juni 1945

Ich werde heute sieben Jahre alt. Das hat Mutti heute Morgen erklärt. So ganz nebenbei, als wäre das nicht weiter wichtig. Ist es ja auch nicht. Mutti und die anderen Erwachsenen haben weiß Gott andere Sorgen. Seit Muttis Geburtstag habe ich eh keinen Schimmer mehr, was für ein Datum gerade ist. An ihren Geburtstag erinnere ich mich auch bloß wegen des Waffenstillstands. Das war wenigstens ein echtes Geschenk.

Ari und Ekkehard und Mizzi haben aber eine Überraschung für mich: Sie haben mir eine Puppe gebastelt, mit einem runden Kopf aus Pappmaschee, einem Körper aus Sackleinen und einem echten grünen Stoffkleidchen. Das muss Mutti heimlich genäht haben, sonst kann so etwas hier nämlich niemand. Schon gar nicht mit der Hand. Ich bin glücklich, dass sie doch an mich gedacht haben. Und merke nun gleich wieder, wie undankbar ich doch immer bin.

Schon, ich freue mich ja, ehrlich. Es ist fein, dass ich jetzt wieder eine eigene Puppe zum Spielen habe und nicht immer Mizzi fragen muss. Ich muss nur noch überlegen, wie ich sie nenne.

Trotzdem: Ein Tag fühlt sich für mich so grau an wie der nächste. Auch heute an meinem Geburtstag. Obwohl nun oft die Sonne scheint und ich nicht mehr frieren muss. Und obwohl ich fast täglich an einem anderen Ort aufwache, weil wir jetzt endlich heimfahren und dann bald wieder in einem Haus wohnen können und nicht mehr zu siebt auf dem Wagen schlafen müssen.

Aber: Ich bin jetzt bange vor zu Hause. Vor dem, was da jetzt ist. Kaum mache ich die Augen auf, da kommt mir dieses Gefühl den Hals hochgekrochen. Es fühlt sich immer so ähnlich an wie Hunger. Oder vielleicht bilde ich mir das auch nur ein, weil es auch irgendwie im Magen sitzt.

Wir sind ja nun über die Elbe. An der einzigen Brücke, die hier noch heil ist, sagt Ekkehard. Da waren ganz viele andere Menschen unterwegs, fast alle in Trecks. So als Familien wie wir, ohne ihre Männer, manche aber auch allein. Andererseits kommen uns aber auch täglich eine Menge Leute entgegen, die wollen in die andere Richtung, also in die, aus der wir gerade kommen. Die meisten sind zu Fuß, kaum einer hat einen Wagen oder Pferde, so wie wir. Blessie und Puppe ziehen viele neidische Blicke auf sich. Dabei trotten sie ja nur hinter unserem Wagen her, vorne ziehen die beiden Kaltblüter von Oma.

»Im Vergleich zu denen sind wir reich«, stellte Ekkehard gestern Mittag fest. So gesehen hat er recht. Er ist jedenfalls entschlossen, Blessie und Puppe bis ›aufs Blut‹ zu verteidigen. Damit meint er wohl, dass er sie an niemanden hergeben will, außer natürlich vielleicht an Onkel Willi, dem sie ja gehören. Mir ist es allmählich auch einerlei. Sollen sich die Männer um die Pferde streiten, ich will sie ja nur ab und an mal streicheln dürfen.

Ekkehard glaubt, beim Amerikaner haben es die Menschen besser als beim Russen, und deshalb, so sagt er, wollen so viele Leute weg aus der ›sowjetischen Zone‹. Auch der Tommy und der Franzose sollen netter sein als der Russe, glaubt Ekkehard, obwohl er noch keinen von beiden getroffen hat. Er hat das doch auch alles bloß aus der Wochenschau, die Mutti immer »Wochen-Verschaukel« nennt, »weil da eh nichts gezeigt wird außer ›Propaganda‹«.

Als ich wissen wollte, was das ist, Propaganda, hat sie gemeint: »Das ist, wenn man Dinge zeigt, die eigentlich ganz anders sind.«

Ich finde das schwer zu verstehen, weil: Bilder sind ja Bilder, und die haben wir ja schließlich alle gesehen, auch Mutti. Egal, die Wochenschau gibt es jetzt ja eh nicht mehr, weil es auch kaum noch Kinos gibt oder solche, die offen hätten.

Ekkehard jedenfalls hat einen Narren gefressen an den Tschi-Eis und behauptet nun auch zu wissen, dass nicht alle amerikanischen Militärs zugleich Tschi-Eis sind. Nur die einfachen Soldaten nennt man so, sagt er. So ähnlich wie bei uns die ›Landser‹.

Tschi-Ei soll eine Abkürzung für Aschentonne sein, das will er herausgefunden haben. Ich kann das aber nicht glauben: Aschentonne ist doch eine bescheuerte Bezeichnung für Männer, die für ihr Land in den Krieg ziehen.

Die anderen Ami-Soldaten, sagt Ekkehard, haben ›Ränge‹, also sind das Offiziere, wie unsere Hauptmänner und Generäle. Die erkenne man am ›Lametta‹ auf der Hemdbrust. Das ist aber gar kein Lametta, das sind solch kleine bunte Plättchen, und ich frage mich, wie sie die auf dem Stoff zu halten kriegen.

Doch der Russe – der zugleich auch ein ›Sowjetmensch‹ ist, und ein ›Bolschewik‹ und ein ›Iwan‹ und ein ›Radowoi‹, obwohl ich nicht weiß, was das alles sein soll – der Russe ist nun mal hier, wo auch wir sind. Er wird auch in Wiesenau sein, schätzt Mutti, und in Matschdorf. Da beißt die Maus keinen Faden ab, wie Papa sagen würde, weil auch Matschdorf jetzt wohl Russenzone ist.

Die Russen, die Amerikaner und die Engländer haben Deutschland jetzt unter sich aufgeteilt. Trotzdem ist es aber noch Deutschland, jedenfalls so ein bisschen. Weil, es wird ja überall noch Deutsch gesprochen, und die Leute sind ja dieselben wie vorher. Ein Stück vom alten Deutschland hat wohl auch der Franzose bekommen, aber von dem spricht hier kaum jemand. Das finde ich blöde, weil wir glauben, dass Papa bis zum Schluss in Frankreich im Krieg gewesen ist.

Einstweilen soll aber auch der Russe jetzt friedlich sein, weil nun ›Waffenstillstand‹ ist. Das Rauben und Plündern, das hat er in den ersten Wochen erledigt, nachdem er über die Oder ist, als noch richtiger Krieg war. Jedenfalls hoffen das alle.

Ich habe das Gefühl, die Erwachsenen trauen dem Braten nicht so recht und erzählen das nur uns Kindern, damit wir nicht noch mehr Angst bekommen.

Mutti sagt, man müsse wohl unterscheiden zwischen den ungebildeten Radowois, solche mit Käppis auf dem Kopf, die aussehen wie selbst gefaltet, und den Offizieren mit besseren Manieren und schöneren Joppen. Radowois sehen eigentlich aus wie Bauern, sie tragen komische schlammfarbige Kittel, aber mittlerweile sieht man auch öfter welche, die haben graue Uniformjacken an, geklaut von deutschen Soldaten.

Immer wenn wir tagsüber einer Patrouille mit Radowois entgegenkommen, müssen die Mädchen schnell unter die Plane. Nur Mutti bleibt vorne auf dem Kutschbock sitzen. Sie ist so mutig! Gestern hat sie sogar mal schief gelächelt, als ein Offizier mit besserer Joppe sie angesprochen hat.

»Gut Wetter machen«, sagt sie, so nennt man das.

»Man muss bloß die Grenze kennen zwischen höflich und zu höflich sein.«

Ich verstehe das nicht recht, aber ich sehe, wie schwer ihr das Höflichtun fällt. Sie hat nämlich angefangen, ihre Nägel zu beißen. Dafür habe ich sie früher gehörig mit dem Lineal auf die Finger bekommen.

* * *

Nachts gehen jetzt immer alle Frauen möglichst weit weg von den Wegen; und weg vom Treck, weil der die ›Aufmerksamkeit‹ des Russen erregt. Das hat erst mal wieder viel Streiterei gegeben, weil Mutti sich besonders dafür starkgemacht hat. Onkel Karl hat nur gemeint: »Na klar, weiß ja sowieso immer alles besser, unser Lieschen Neunmalklug.«

Er und die anderen Männer im Treck würden uns schon verteidigen, hat er gemeint, wenn da so ein dreckiger Iwan käme, der was von den Frauen wollte.

»Aha. Und womit genau?«, wollte Mutti von ihm wissen, und man hat gemerkt, dass sie das nicht im Ernst fragt.

»Du alter Lorbass wartest ja nur darauf, dass du eine von uns gegen eine Flasche Schnaps eintauschen kannst«, hat Oma Sobbels Mutti beigepflichtet.

Sie mag Karl nämlich auch nicht, aber so überhaupt gar nicht! Seitdem er nichts mehr zu saufen kriegt, ist er aber nicht mehr so schlimm, finde ich. Vielleicht hat er ja auch damals nur mit dem Trinken angefangen, weil ihn keiner mag. Und jetzt kann er es nicht mehr lassen, weil Alkohol ›abhängig‹ macht, sagt Ekkehard.

Ich muss jetzt also abends immer gemeinsam mit Mutti, Mizzi, Inge und den erwachsenen Frauen los, obwohl Mutti erst partout nicht wollte, dass Mizzi und ich mitkommen.

»Der Russe tut Kindern nichts«, hat sie uns erklären wollen.

Tante Bruna hat sie völlig verständnislos angesehen, den Kopf geschüttelt und dann sehr entschieden gesagt: »Nichts da, Lisbeth. Mizzi kommt mit mir!«

Mutti war nicht überzeugt und fing an mit Bruna zu zanken. Ich konnte das fast nicht aushalten: »Aber ich sterbe, wenn ich hier mit den Buben allein auf dem Wagen bleibe!«, habe ich gerufen. »Im Finstern, mitten in der Nacht! Ich will lieber bei dir sein, Mutti. Immer, und egal was passiert!«

Damit war's entschieden. Mutti hatte wohl keine Lust mehr auf noch mehr Streiterei. Was ich nicht verstehe, ist, warum der Russe nur im Dunkeln so gefährlich ist.

Gestern Nacht haben wir dann wieder flach wie die Flundern in einem Graben in der Nähe eines Teiches gelegen. Es war nass, und wir hatten nichts zum Zudecken oder Draufsitzen. Mutti hat zwar extra ein gutes Laken zerschnitten, aber nicht für uns als Unterlage, sondern um Taschentücher daraus zu basteln. Die hat sie dann verteilt. Jede der Frauen hat nun so einen Stofffetzen in der Manteltasche und etwas Spitzes, eine Nadel oder einen Holzspan. Wenn die Sowjetsoldaten kommen, dann soll man sich als ›letztes Mittel‹ in den Finger pieken, sagt sie, und ein paar Blutstropfen aufs Taschentuch machen. Wenn der Russe schon nah dran ist, soll man so tun, als müsste man tüchtig husten.«

»Vor den Blutflecken hat der Russe nämlich ordentlich Angst, weil er glaubt, man hätte TeBe. Also lässt er einen in Ruhe.

Das ist der Plan, und Muttis Pläne haben eigentlich immer Hand und Fuß. Aber was ist, wenn der Russe im Dunkeln die kleinen Flecken gar nicht sieht?

Inge Klausche hat denn auch die ganze Zeit irre vor sich hin gemurmelt, weil sie solchen Bammel hatte, was uns alle sehr gestört hat. Bis Mutti schließlich der Geduldsfaden gerissen ist: »Halt endlich deinen Rand, du machst ja alle ganz meschugge hier!«

Die Frauen haben natürlich vor allem gehofft, dass man uns von Weitem erst gar nicht sehen kann. Und ich habe die ganze Zeit versucht, Muttis Mantelsaum nicht aus der Hand zu lassen. Solange sie da ist und ich den Stoff fühle, so lange kann ich das aushalten. Aber schlafen kann ich deswegen trotzdem nicht.

Ach, ich wusste früher einfach nicht, wie lang eine Nacht ist! Wir dürfen uns auch die vielen Stunden über nicht unterhalten oder Gute-Nacht-Geschichten erzählen, weil alle sich fürchten, sonst vom Russen entdeckt zu werden.

Beim Morgengrauen waren wir alle wieder ganz steif in den Knochen. Ich habe gefroren wie in den schlimmsten Wintertagen nicht, obwohl ja schon Mai ist. Als wir heute früh zurückkamen zum Treck, wollte ich gleich auf unseren Wagen und schlafen und mich aufwärmen, aber Mutti hat mich davon abgehalten und mir eröffnet, dass ich ja jetzt Geburtstag hätte. Dann sind alle gekommen und haben mir artig gratuliert. Und ein Lied gesungen haben sie auch alle zusammen. Und gebetet.

Mizzi hatte mir zuvor heimlich ein Sträußchen Gänseblümchen gepflückt und daran einen Kranz geflochten, wie Palaschka uns das beigebracht hat. Ich fand das sehr lieb von ihr. Ich will aber trotzdem bloß wieder auf den Wagen.

Dann wünsche ich mir eben nur das zum Geburtstag: dass ich heute den ganzen Tag da oben bleiben kann, unter der Plane! Aber vorher muss ich noch Pipi machen, obwohl das seit heute Morgen ganz furchtbar brennt.

Eben haben Ari und Ekkehard mir zwei Frösche gezeigt, die sie in den Auen gefangen haben. Sie waren schon tot und lagen ganz schlaff und mit offenen Augen in Ekkehards Hand. Mir kamen die Tränen, und das hat Ekkehard böse werden lassen.

»Du bist so was von undankbar!«, hat er gerufen. »In Frankreich, wo Papa jetzt ist, da sind Frösche eine Delikatesse für die feinen Leute!«

Die Jungs wollten mir die Viecher braten, so als Geburtstagsgeschenk, zum späten Frühstück.

»Schmeckt wie Hühnchen«, versuchten sie es mir schmackhaft zu machen. Das ist bestimmt lieb gemeint, aber ich werde davon keinen Bissen durch den Hals bringen. Und wenn ich noch so einen Hunger habe!

Die armen Frösche. Ich will überhaupt nie wieder etwas Totes essen! Alles, was tot ist, ist grässlich. Und es stinkt.

Immerhin scheint heute die Sonne, und der Himmel ist ganz tiefblau.

»Kaiserwetter, Marjellchen!«, sagt Oma gut gelaunt und streichelt mir den Kopf. »Nur für dich! Das ist doch auch so etwas wie ein Geburtstagsgeschenk!«

»Wenn wir endlich in Wiesenau ankommen, sind die Erdbeeren in Omas Garten so weit«, sagt Ari. »Dann wird alles gut. Wirst sehen!«

Elisabeth

4. Juni 1945

Heute ist Montag, wir sind heute Morgen wieder auf eine Einheit von Russen getroffen.

Und sie haben meinen Großen mitgenommen!

Auf der Straße hätte man eine Stecknadel fallen hören können, als wir der Patrouille gewahr wurden. Der ganze Treck kam abrupt zum Halten und verfiel in absolutes Schweigen. Vorher war uns eine schier endlose Kolonne von Panzerwagen, Geschützen und Lastwagen entgegengekommen, aber das waren Engländer, glaube ich, den Uniformen nach zu urteilen.

Dann auf einmal waren da etwa zehn Radowois, einfache Russen-Soldaten, in offenen Kübelwagen. Fast alle mit solch gelben zigarettenartigen Stummeln in den Mundwinkeln, die aber gar nicht rauchen. Einige von denen feixten lautstark, als sie Inge Klausche entdeckt haben, die idiotischerweise sehr passend ihren blonden Kopf aus der Plane steckte. Sie war bei Gerlinde auf dem Wagen, die seit Tagen nicht mehr laufen will und sich mit ihrer dauernden Flennerei zum Narren macht. Inge war wohl neugierig, als der Wagen urplötzlich stand und es auf einmal draußen so still wurde.

Das Herz drohte mir aus dem Hals zu springen, als der Kommandant der Patrouille irgendwas auf Russisch zu uns herüberbrüllte. Keiner wagte sich zu rühren. Er ging dann direktemang auf unseren Wagen zu.

Aber er interessierte sich gar nicht für Inge, sondern schrie bloß »clock!?«.

Was wohl ›Uhr‹ heißen soll, hat mir jedenfalls Ekkehard schon vor ein paar Tagen erzählt, die seien alle völlig verrückt nach Uhren.

Er schüttelte also gleich energisch den Kopf. Der Russe hat ihm das wohl tatsächlich geglaubt. Der wusste ja auch, dass seine Truppe bestimmt nicht die erste ist, der wir begegnen.

Stattdessen lief er schnurstracks auf Puppe und das Fohlen zu und griff die Stute am Halfter. Zwei andere Soldaten kamen hinzu, so ein fetter und ein ganz kleiner Kerl. Sie begannen sofort damit, die Pferde abzuleinen.

Keiner von uns wagte einen Mucks. Bis urplötzlich Ekkehard, buchstäblich wie von der Tarantel gestochen, anfing, auf den Kleinen loszugehen und herumzubrüllen, das sei, verdammt noch eins, sein Pferd und er werde es niemals, niemals hergeben!

Der Kleine schien ehrlich verblüfft, dass da unvermittelt so ein Jungscher auf ihn eindreschen will. Er zischte ein paarmal »Sssstopp!« in Ekkehards Richtung und packte ihn am Jackenkragen. Aber Ekkehard benahm sich wie irre, zerrte sich wieder los, ließ von dem Kleinen ab und hängte sich bei Puppe an den Hals. Jetzt mischte sich der Schmierige, Fette ein, brüllte irgendwas auf Russisch, riss sein Gewehr von der Schulter und zielte auf Ekkehard.

Ich dachte, ich sterbe, jetzt sofort, wenn sie mir meinen Jungen nehmen, und das ist mir auch ganz egal, und habe auf einmal auch angefangen zu schreien. Woraufhin alle restlichen Mann bei den Russen in Habtachtstellung gingen und irgendwelche irren Kommandos brüllten.

Die anderen aus unserem Treck standen wie versteinert da und hielten den Atem an. Der Fette versuchte eine Weile lang vergeblich, Ekkehard vom Hals der Stute loszumachen. Bis das Fohlen anfing herumzutänzeln, zu steigen und mit dem Huf beinahe die Schläfe von dem Kleinen getroffen hätte. Wäre er verletzt worden, dann wäre wohl endgültig die Hölle losgebrochen.

Ich rief Ekkehard zu, er solle doch Ruhe geben, aber der hörte gar nichts mehr und schrie nur noch wie am Spieß, das seien seine Pferde. Irgendwann haben die Russen ihn mit vier Mann überwältigt und von Puppe losgeeist. Hände auf den Rücken gefesselt, wird er zu ihren Leuten getrieben. Puppe und das Fohlen nahmen sie in Beschlag und bedeuteten mit Gewehrkolben in unsere Richtung, wir sollten jetzt weiterfahren.

Was tun sie um Gottes willen mit meinem Jungen? Er hat nichts getan, er wollt doch nur seine Pferde nicht loslassen! Allmächtiger, bitte gib, dass sie ihm nichts antun!

Elisabeth

8. Juni 1945

Wir sind jetzt in Luckau. Gerlinde hat endlich aufgehört zu plärren. Sie spricht seit heute Morgen kein Wort mehr. Sie antwortet einfach nicht, wenn man sie anspricht, und starrt ins Leere. Dafür heult Ari nun die ganze Zeit. Das alles macht mich gleichermaßen hilflos wie wütend. Die Kinder können ja nichts dafür, ich weiß nur manchmal nicht, wie ich das alles aushalten soll. Ich wünsche mir nur, dass man mich einmal in Ruhe lässt und ich eine ganze Nacht lang traumlos schlafen kann.

Und wenn ich wach werde, dann soll mein großer Sohn wieder da sein. Oder ich am besten tot.

* * *

Ein Traum von heute Nacht lässt mich nicht mehr los. Er ist so eitel und so banal, dass ich mich fast schäme. Und er macht meine Seele noch schwerer, als sie ohnehin schon ist.

Wir sind in Matschdorf, es ist Frühling, Ostern steht vor der Tür, ein Korb mit frisch gelegten Hühnereiern vor uns auf dem Tisch. Wir wollen sie abwaschen, es kleben noch ein paar Daunen und etwas Hühnerscheiße daran.

Gerda und ich blasen in der Küche ein paar der frischen Eier aus, damit Gerlinde und Lotti sie später bemalen können. Die andere Hälfte wird gekocht, gefärbt und nach dem Trocknen mit Schwarte abgerieben, damit sie schön glänzen. Von draußen klingt das Juchzen der Kinder, die im Garten ihre traditionelle Eierbahn bauen. Ich glaube, das gibt es nur hier bei uns in der Gegend: Eierbahnen. Wer ist nur je auf so eine Idee gekommen? Bernhard, ja, dem wäre so etwas auch eingefallen, denke ich bei mir und muss unwillkürlich lächeln über meinen lieben, lustigen Mann.

Unser Garten ist abschüssig zur Eilang runter, daher kullern die Eier dort umso besser. Jetzt testen sie die Bahn mit Glasmurmeln, und wie es sich anhört, besteht ihre Konstruktion den vorösterlichen Test mit Bravour. Ich muss wieder lächeln. Was für ein eitler, sorgloser Zeitvertreib! Das halbe Dorf ist da draußen versammelt, na ja, zumindest das halbe junge Dorf. Und alle wollen bloß ein paar Eier oder Murmeln eine Bahn hinunterkullern lassen, die in einer Woche dann wieder weg sein wird, so als wäre nie etwas gewesen. Bernhard duldet die Bahn immer bloß für fünf Tage nach der Karwoche.

Ist mein Bernhard hier bei mir, in Matschdorf? Oder ist er im Krieg? Ich weiß es nicht. Es ist friedlich in der Küche. Gerda summt vor sich hin, verjagt eine Fliege von der Schale und fragt, ob sie das Meißner aus der guten Stube holen soll. Wir spülen es immer ab, nachdem wir es aus dem Schrank nehmen und wieder verwenden. Das ist vielleicht ein wenig übertrieben, denn im Schrank wird es gar nicht staubig, und das Spülen birgt immer auch das Risiko, dass etwas von meiner kostbaren Aussteuer zerbricht. Doch seit Weihnachten ist ja nun schon eine geraume Zeit vergangen. Ich sage: »Gut, lass uns das Geschirr holen, dann ist es später wieder in Sicherheit, wenn die Horde von draußen hereinkommt.«

Gerda geht mit mir in die Stube. Ihr Blick fällt auf all die Laken über dem Chaiselongue, dem Tisch, den Stühlen, auf die abgedeckte Standuhr, die aussieht, als sei sie ein überdimensionierter Zinnsoldat, der sich vor dem Feind versteckt. Ihr Ticken ist wie sein Atmen.

Sie geht zum Fenster, zieht die Vorhänge zurück und ruft sehr entschlossen: »Das wird es bei mir nicht geben!«

»Was denn?«, frage ich.

»Na, dieses ganze ›Für gut‹-Lassen.«

Sie nimmt eine Tasse aus der Vitrine, geht zum Fenster und

hält sie ins Licht. Der Goldrand leuchtet im Schein der durchs Fenster einfallenden Sonnenstrahlen. Man kann die beiden Schwerter am Boden durchscheinen sehen, so zart ist das Porzellan.

»Wenn ich so etwas Schönes besitzen würde, sagt Gerda, dann wollte ich es immer ansehen. So bekommt ihr es ja nur zweimal im Jahr zu Gesicht. Oder wenn der Pfarrer da ist.«

»Oder wenn jemand gestorben ist«, ergänze ich.

Das Kind hat ja so recht. Was für einen dummen, selbst verordneten Verzicht wir treiben! Was für eine Verschwendung von Freudenmomenten! Was für eine lebensverachtende Disziplin wir alle, vor allem wir Frauen, uns auferlegen! Für wen oder was eigentlich? Als wenn der liebe Gott uns ein Jota weniger mag, wenn wir uns selbst das Schöne vorenthalten.

Ich fasse einen Entschluss: »Ab jetzt, sage ich, essen wir jeden Sonntag in der guten Stube. Und zu Geburtstagen. Und an allen Feiertagen. Ach was, immer dann, wenn wir Lust dazu haben. Und immer essen wir vom Meißner. Und wenn etwas kaputtgeht, dann wird die Welt davon schon nicht untergehen.«

Gerda strahlt mich an und fängt lachend an, ein Gedicht aufzusagen:

Die Sophisten und die Pfaffen
Stritten sich mit viel Geschrei:
Was hat Gott zuerst erschaffen,
wohl die Henne, wohl das Ei?
Wäre das so schwer zu lösen?
Ernstlich ward das Ei erdacht,
doch, weil noch kein Huhn gewesen,
Schatz, so hat's der Has' gebracht.

Wie auf Kommando beginnen draußen ein paar Hühner zu gackern, als empörten sie sich über Mörikes schlichtes Fazit. Wir beginnen beide zu kichern wie die Backfische. Ich tätschele Gerdas bloßen Arm und mir will das Herz übergehen: Was für ein freundliches, kluges Mädel sie doch ist!

Ein paar Spatzen streiten sich auf der Fensterbank um zwei Sonnenblumenkerne, draußen lachen meine drei Kinder. Bobby kommt schwanzwedelnd durch die offene Stubentür gelaufen, geht mir um die Beine und kläfft zur Begrüßung.

Wie bin ich gesegnet, dass ich so ein gutes Dasein habe!

Wer sendet mir solche Träume, nur um mich in Gräueln wieder aufwachen zu lassen?

In der Gewissheit, das ich dieses Leben wohl niemals wiederbekomme.

9. Juni 1945

Die Patrouillen der Rotarmisten lassen uns nun tagsüber zumeist in Ruhe. Die letzten drei haben uns nun sogar die Pferde gelassen, sogar Puppe und das Fohlen. Das war jedes Mal gleichermaßen Überraschung wie Erleichterung! Ein zweites Mal hätte ich Ekkehards Hysterie nicht ertragen.

Dieser Heißsporn stand nämlich fünf Tage nach seinem Arrest wieder leibhaftig vor uns. Mit beiden Pferden! Die Russen hatten ihn eingesperrt, im nächsten Ort bei einem Bauern, in einer Scheune, mitsamt dem Pferd und dem Fohlen. Hin und wieder sind wohl ein paar ›Flintenweiber‹* vorbeigekommen, um zu schauen, ob er noch da wäre. Und dann hat er da in der Scheune gesessen und Rotz und Wasser geheult. Irgendwann hat der Bauer das gehört und aufgemacht und hat gesagt: »Junge, was machst du denn hier drin?«

* Damaliger propagandageschuldeter Sprachgebrauch

Und Ekkehard: »Die Russen haben mein Pferd geklaut und das Fohlen! Und mich!«

»Mensch«, hat der Bauer dann gesagt, »komm, sieh zu, dass du wieder Anschluss findest, dass du deine Familie findest!«

Aber Ekkehard wusste, dass er den Bauern damit in Gefahr bringen würde. Er hat sich also von ihm nur eine kleine Schüppe geben lassen, die er bei den Kontrollgängen der Flintenweiber im Heu verstecken konnte. Damit und mit bloßen Händen hat er die ganze Nacht ein Loch durch den Lehmboden der Scheune gebuddelt – nur um vorzutäuschen, er sei später da durch. Im Morgengrauen, als die meisten Iwans besoffen von Wodka am Feuer pennten, ist er dann aber mithilfe des Bauern abgehauen – nicht ohne Puppe und Blessie noch mitzunehmen. Danach ist er nur nachts mit ihnen gelaufen und hat sich tagsüber im Wald versteckt, so lange, bis er uns eingeholt hatte. Mehr Glück als Verstand, der Bengel. Aber ein echtes Husarenstück, das muss ich schon sagen!

Als ich ihn erblickt habe, war mir auf einmal so froh ums Herz wie seit meiner Hochzeit nicht mehr. Und ich habe tatsächlich geweint. Gott hat uns noch nicht verlassen.

Willi wird sich so freuen, wenn er seine Tiere wiedersieht. Falls wir ihn wiedersehen.

Immer wenn meine Gedanken in diese eine Richtung laufen, wird mir eiskalt und ich versuche sie abzuschütteln, wie man ein lästiges Insekt verscheucht. Meistens gelingt es mir auch, denn um uns herum gibt es genug, das meine Aufmerksamkeit verlangt und mir immer wieder eine neue, zusätzliche Angst beschert. Davon abgesehen habe ich furchtbaren Hunger, es nagt in meinem Magen, als wären die Insekten nicht nur in meinem Kopf, sondern auch da unten.

Friedjoff, ein alter Mann in unserem Treck aus Beeskow, war im Ersten Weltkrieg Sanitäter an der Front in Belgien. Er sagt, dass der Hunger irgendwann verschwindet. Man dürfe nur einfach gar nichts mehr essen. Und bloß noch Wasser trinken.

Aber es gibt ja auch kaum noch sauberes Wasser. Das letzte Mal haben wir unsere Flaschen irgendwo in der Nähe der Elbe gefüllt, natürlich ohne zu wissen, ob das Wasser genießbar ist.

»Die Fische trinken es ja auch«, meinte Ari lakonisch.

Die Kinder bekommen jetzt ausschließlich abgekochtes Wasser. Jeden Abend versuche ich, Ekkehard und Ari ein Feuer machen zu lassen, damit ich darauf das Wasser für den nächsten Tag desinfizieren kann. Zum Kochen habe ich eh nichts mehr.

Wir passieren immer wieder Militärs, die uns meist johlend auf ihren Kübelwagen überholen, aber fast immer winken die Männer nur, und rufen den Kindern sogar lachend auf Russisch etwas zu. Tagsüber jedenfalls. Bei Einbruch der Dunkelheit sieht die Sache anders aus. Da fangen sie an zu saufen und werden gewalttätig. Na ja, sicher nicht alle, aber viele von den Radowois. Sie gehen dann regelrecht auf die Jagd nach Frauen; in Gruppen machen sie sich auf den Weg, um das Unaussprechliche zu tun.

Wir nehmen auch immer öfter große Umwege, damit wir nicht durch jede Ortschaft müssen. Weil es so furchtbar ist, was wir dort sehen, und weil wir nicht wollen, dass die Kinder das alles mitbekommen. Auch in der Hoffnung, auf einem abgelegenen Hof noch etwas zu essen zu ergattern. Fast in jedem Dorf, das wir in der letzten Woche passiert haben, lag alles in Schutt und Asche. Es ist schier unerträglich, das anzusehen. Und doch stumpft man irgendwann ab.

Kaum ein Stein ist mehr auf dem anderen. Oft schwelen noch immer die Feuer in den Resten von ehemaligen Häusern oder Gehöften. Wie kann das sein? In mancher Ruine mit leeren Fensterhöhlen leben aber noch, oder schon wieder, die Menschen. Wenn wir an Gehöften vorbeikommen, liegt überall das tote Vieh. In solch einer Zahl! Schwarz von Fliegenschwärmen, belagert von zankenden Krähen und streunenden Hunden.

Als wir gestern auf einen kleinen Weiher zusteuerten, rannte Ari voraus, weil er hoffte, ein Abendessen für uns angeln zu können. Es sah von Weitem so friedlich aus: eine kleine Idylle mit grüner Wiese davor. Ein passabler Rastplatz, ganz außer Sichtweite vom nächsten Dorf oder Gehöft. Doch als wir am Ufer anlangten, trieben alle Fische bäuchlings oben. Es stank unerträglich nach Fäulnis. Jemand hatte wohl eine Granate ins Wasser geworfen, denn ringsherum wirkte das Gelände unversehrt. Ari fing an, ein paar der Fische an Land holen zu wollen, und rief verzagt: »Vielleicht kann man die ja noch essen, Mutti?«

Ich schrie ihm zu, ja nichts anzufassen. Es bringt mich fast um den Verstand, dass er solch einen Hunger leiden muss.

Ununterbrochen kommt uns auch Volk entgegen. Einzeln oder in kleinen Gruppen, viele noch aus Ostpreußen. Und solche, die sich irgendwo verstecken konnten, meist mit nichts als einem alten Koffer in der Hand, einem Lumpenbündel an einem Stock über der Schulter oder bloß dem, was sie am Leib tragen. Beinahe beneide ich sie: Mit jedem Kilometer, den wir weiter in Richtung Zuhause vorankommen, wird es nämlich wüster, wächst meine Furcht vor dem, was uns dort erwarten mag.

Die Kinder im Treck sind völlig verängstigt und meistens mucksmäuschenstill. Gerlinde will aber als Einzige partout nicht mehr vom Wagen runterkommen. Deshalb haben wir beschlossen, mehr über Wirtschaftswege zu ziehen als über die großen Straßen. Da können sich die Frauen nachts auch besser verstecken.

Ari habe ich den Kopf geschoren. Das mit den Flöhen hat mir keine Ruhe gelassen. Es gab ein kurzes Gezeter, aber dann war gut.

Wir finden kaum noch etwas Essbares. Die Versorgung ist völlig zusammengebrochen; es gibt ja keine Bezugsscheine mehr, und wer sollte sie auch einlösen?

Ich bete einmal mehr. Diesmal dafür, dass wir in Wiesenau noch etwas Essbares im Garten finden mögen. Aufs Neue kommt mir ›mein‹ Mörike in den Sinn. Ich krame nach dem

Büchlein. Es ist doch gut, dass ich es habe. Mitunter hilft er mir wahrlich mehr als all mein Gottvertrauen.

Wir sollten selbst da noch hoffen,
wo nichts mehr zu hoffen steht.
Gewiss ist das ein herrliches Wort,
wer's nur verstehen will;
mir hat es einst in großer Not
den wunderbaren Trost
in der Seele erweckt
und einen leuchtenden
Goldblick des Glaubens.

Jeder kämpft für sich allein. Im Kopf und auf der Straße. Bezugsscheine: ein weiterer Grund, warum es einem beim Amerikaner sicher besser ergeht. Rückkehrer – sie sehen allesamt aus wie bunt zusammengewürfeltes Gesindel, das vor irgendeiner Gerichtsbarkeit flüchtet – sie haben uns erzählt, dass der Ami bei Jena große Zeltlager errichtet hat und alle Flüchtenden registriert. Sie geben den Leuten dort zu essen, und die Kinder sollen sogar täglich etwas Milch bekommen! Wehrmachtssoldaten können sich ›ergeben‹, sofern sie ihren Waffenrock noch tragen, und werden in speziellen Gefangenenlagern vermeintlich gut behandelt. Doch: Darf man's glauben?

Die Kinder pflücken jetzt auf mein Geheiß Efeublätter. Damit kann ich behelfsweise das Leibzeug waschen. Löwenzahn und allerlei anderes vertrautes Kraut lass ich sie auch sammeln, wo es sicher scheint – und gut durchkauen. Gerlinde weigert sich natürlich, schützt Bauchschmerzen vor, die ich ihr nicht abnehme. Ich habe auf der Hauswirtschaftsschule gelernt, dass Löwenzahn gesund ist: Es hilft gegen Skorbut und gegen so einige Bakterien. So wie Giersch und Quecke und dies und das, was frei am Wegesrand wächst.

Nun fressen wir also das Gleiche wie die Tiere. Wer weiß, vielleicht haben wir das ja auch verdient.

Gerlinde

9. Juni 1945

Mizzi hat vorhin einen Füllfederhalter vom Weg aufgehoben, ganz tiefschwarz war er und glänzend wie neu, mit einem feinen goldenen Reif an der Hülse.

»Guck mal, was ich gefunden habe! Wie geht der denn auf?«

»Schrauben musst du, in der Mitte drehen!«, habe ich zu ihr gesagt.

»Zeig mal her!«

Und sie gibt mir den. Und ich guck mir den schönen Füller an und gehe zu Mutti und sage: »Schau mal, was Mizzi gefunden hat: einen ganz famosen Füllfederhalter!«

Und wie ich den gerade aufdrehen will, da haut sie mir so von unten das Ding aus der Hand. Und das Ding fliegt im hohen Bogen und explodiert ein paar Meter weiter mit einem Riesenknall. Wenn ich den in der Hand behalten und weiter geschraubt hätte, dann wären meine Hände jetzt weg. Mindestens die Hände.

Ich zittere jetzt noch am ganzen Leib.

Elisabeth

10. Juni 1945 – morgens

Wir nähern uns Beeskow. In gut drei Stunden müssten wir dort angelangen. Das Ehepaar Klausche schweigt seit heute früh ausdauernd. Sie trotten nebeneinander her, abwechselnd diesen einen Koffer tragend, den sie seit Beginn unserer Flucht nicht aus Händen oder Augen gelassen hat. Nur die beiden wissen, was darin ist.

Inge Klausche weint immer wieder still vor sich hin. Ansonsten ist sie seit Tagen maulfaul. Vorbei ihre backfischhaften Allüren wie seinerzeit im Sägewerk.

Einzig Mizzi macht einen fast unverzagten Eindruck, sie ist ja noch klein und unbedarft. Sie hat so ein sonniges Naturell und lässt sich gut ablenken durch allerlei Dinge, die sie am Wegesrand sieht oder findet. Wie diesen vermaledeiten Füller!

Ich kann gar nicht so viel beten, wie ich Gott danke, dass er mir gestern diesen sechsten Sinn geschenkt hat! Er lässt mir erneut eines meiner Kinder. Das muss ein Zeichen sein. Nur: wofür? Dafür, dass ich doch ab und an etwas richtig entscheide?

Durch entgegenkommende Trecks wissen wir, dass der Russe im April die Altstadt von Beeskow in Schutt gebombt hat. Das Klausche-Haus steht allerdings etwas weiter draußen, am Stadtrand. Sie hoffen händeringend, dass es noch steht. Gestern Nacht hab ich sie in meine Gebete eingeschlossen.

Die Fürbitten werden jeden Abend länger: Ich beginne mit dem Vaterunser und bete dann für die beiden Alten in Wiesenau, für ihre Tochter Klara, für Willi und natürlich für meinen Bernhard und Klaras Mann Richard, die beide an der Front sind, oder besser: waren. Für Klaras Sohn Werner, der schon seit

Frühjahr ’44 als vermisst gilt, und den zweiten, Hartwig, von dem sie auch schon Monate nichts mehr gehört hatte, bevor wir los sind mit dem Treck.

Dann geht es weiter mit entfernten Verwandten, mit Palaschka, Gerda, Lotti und all unseren Freunden und Bekannten in Matschdorf, Wiesenau und Frankfurt/Oder. Mit den Levys, wenn denen nicht jedes Gebet zu spät kommt.

Herrje, die Liste derer, die man wiederzusehen hofft, die man in Sicherheit wünscht, sie ist schier endlos! Ein schlechtes Gewissen habe ich, wenn ich den ein oder anderen in meinen Gebeten vergesse oder mir jemand einfällt, den ich an den Tagen zuvor vielleicht ausgelassen habe. Dann beginne ich wieder von vorn und komme einfach nicht in den Schlaf, obwohl ich jeden Abend so unendlich müde und nagend hungrig bin.

Obendrein schelte ich mich für meinen ›Aberglauben‹: Ich habe so ein fixes Gefühl entwickelt, dass, sollte ich jemanden vergessen, der liebe Gott mir das übel nimmt und mich mit dem Tod meiner Lieben straft. Das ist dummes Zeug, ich weiß, schließlich bin ich nicht katholisch und würde ernsthaft erwarten, dass ich für derlei lässliche Sünden harte Bestrafung erfahre. Dennoch, ein wenig gerate ich jeden Abend in so eine Art sklavische Gebetsmühle; ein Rosenkranz wäre da nicht das Schlechteste. Man kann ihn festhalten und sich daran abarbeiten. Er gibt Maß und Richtung, wo die Gedanken galoppieren, er macht fassbar, auch das, was uns fassungslos werden lässt. Und wenn man ihn zigmal durchhat, dann hat man als Katholik wenigstens die Gewissheit, ›genug‹ getan zu haben.

»Nun ja, Lieschen«, würde Bernhard jetzt vermutlich sagen, »wir haben die Freiheit gewählt, an einen freien und gütigen Herrn zu glauben. Vertrau stets darauf und koch uns eines deiner feinen Mittagessen! Das gefällt ihm bestimmt.«

Daraufhin würde er mir zuzwinkern und sich ein Pfeifchen stopfen. Ach, wie ich ihn und seine leichte Wesensart vermisse!

Und das Kochen, das Essen, den Garten. Unsere Gottesdienste.

Das Leben an sich.

10. Juni 1945 – nachmittags

Beeskow existiert nicht mehr. Oder zumindest nicht so, wie wir es kannten beziehungsweise es verlassen haben. Was die Bomber nicht zerstört haben, hat offenbar schwerer Artilleriebeschuss dann doch noch geschafft: Die Spreebrücke ist gesprengt und St. Marien, die feine gotische Backsteinkirche, ist bloß noch ein Trümmerhaufen. Eine Hälfte der großen Bronzeglocke habe ich daraus hervorlugen gesehen. Was für ein trostloser Anblick. Von der Altstadt haben wir nur die Stadtmauer wiedererkannt. Nur die Kaserne steht noch, ausgerechnet!

Die Straßenverläufe sind nahezu unkenntlich. Mein Gott, wir waren doch bloß gut vier Monate fort. Überall Ruinen, ein riesiger Bombenkrater am ehemaligen Marktplatz, rußgeschwärzte Trümmerteile. Und allerorts Ziegelelemente, die nicht voneinander lassen wollen, als hofften sie auf eine spätere Wiederverwendung. Nur wenige, gebeugt einherhetzende Menschen. Zahllose verendete Hunde- und Katzenkadaver, jedenfalls glaube ich, sie als solche zu erkennen. Sie sind ja ebenso von Fliegenschwärmen umgeben wie das Vieh, aus manchen kriechen wimmelnd die Maden. Als wäre dieser Ort ein Vorzugs-Domizil für Haustiere gewesen. Ich erlebe all diese seltsamen Gedanken beim Anblick von Zerstörung. Habe ich denn etwas anderes erwartet? Nein, aber wohl gehofft. Trotzdem bin ich seltsam ruhig, ganz leer. Weil ich jetzt nicht mehr leugnen kann, was uns auf jeden Fall erwartet.

Die Kinder sind hinten auf dem Wagen, allesamt. Ich habe ihnen vorhin strikt verboten rauszugucken.

»Erst, wenn ich es erlaube!«, hab ich sie angeranzt.

Gerlinde muss ich das nicht zweimal sagen, sie steht seit der Sache mit dem Füller vollends unter Schock. Und Ari schläft wahrscheinlich schon wieder. Aber mein Ältester, der hält sich nicht dran, wie auch, er späht schon seit einer halben Stunde immer wieder unter der Plane hervor.

Und dann das: Klausches Haus steht noch! Nur der Schuppen daneben ist abgebrannt, und einige Fenster hat es erwischt. Inge hat während des gesamten Vormittags ununterbrochen geheult. Es zehrte zusätzlich an meinen Nerven. Herrschaftszeiten, kann denn dieses eitle Gör nicht mal an sich halten! Sie ist doch schon fast ein Fräulein. Ich bin ungnädig, ich weiß es doch selbst.

»Ihr könnt rauskommen!«, rufe ich. Doch nur Ekkehard steckt den Kopf hervor und springt sogleich vom Wagen.

Inge flennt beim Anblick ihres Zuhauses nun noch lauter. Mutter Klausche hat krachend die Deichsel von ihrem Handwagen fallen lassen, die darauf sogleich in Stücke ging, ist auf das Grundstück gerannt und in ihrem Vorgärtchen oder dem, was davon übrig ist, erst mal auf die Knie gefallen und hat gebetet. Wohl, dass sie ihr Haus noch haben, dass sie das jüngste Inferno im Städtchen nicht miterleben mussten; na, da gibt es schon eine Menge, wofür es sich auf die Knie zu fallen lohnt, so viel ist sicher.

Es haben sich aber bereits zig Leute im Klausche-Haus einquartiert. Menschen, die Klausches nicht kennen, die nicht aus Beeskow sind, polnisches Volk wohl zum Teil. Man mag es verstehen, nicht so die Klausches. Und so bricht, unmittelbar nach kurzem Aufatmen, ein heilloses Gezänk vom Zaun.

Ich kann das nicht eine Minute länger ertragen. Anstatt noch eine Nacht hier in Beeskow zu verbringen, wie noch heute Morgen geplant, machen wir uns jetzt gleich auf den Weg nach Hause. Sind ja nur noch wenige Kilometer.

Wir sollen bloß nicht über Ziltendorf gehen, das haben wir gehört. Wollen wir sowieso nicht, das wäre ja ein Umweg, wir gehen über Ragow-Merz. Seit Anfang Februar lief die Front in Ziltendorf direkt durchs Dorf, es ist dort wohl kein Stein mehr auf dem andern. Noch schlimmer als in Beeskow.

Niemand, der uns sagen könnte, ob die Zurückgebliebenen zu Hause noch leben. Ich fürchte, das ist ein schlechtes Zeichen. Wie kann ich die Kinder und mich auf das vorbereiten, was uns dort erwartet? Ich habe keine Idee. Je näher wir kommen, desto bleierner ist mir. Mein linkes Auge zuckt ununterbrochen, mein Nägelkauen habe ich weiterhin nicht im Griff.

Auf der Chaussee begegnen wir vier entsetzlich ausgemergelten Gestalten. Ihre Füße sind in Putzlumpen gewickelt, sie sehen aus, als stürben sie jeden Moment. Entlassene kranke Kriegsgefangene aus den Ostgebieten seien sie, sie wollen nach Herzberg.

Wie nur!, denke ich, ihr seht ja aus, als würdet ihr jeden Moment tot umfallen.

Ob sie durch Wiesenau gekommen seien, frage ich bang. Sie blicken nur leer an mir vorbei.

»Keine Ahnung«, erwidert der eine, »ist ja nicht so, als wär's hier beschildert.«

Nach der Behelfsbrücke über die Oder sähe doch eh alles gleich aus. »Alles kaputt, nur noch totes Vieh und auch menschliche Kadaver allerorten. Aber die Radowois, die räumen jetzt ja auf.«

Und die deutschen Frauen, die müssten ihnen dabei zur Hand gehen, fügt er hinzu und lacht bitter. Es klingt tatsächlich, als empfände er Genugtuung darüber. Dann schlurfen alle vier einfach grußlos davon, ich wünsche ihnen noch leise Glück.

Gott steh uns bei!

Gerlinde

10. Juni 1945 – am frühen Abend

Nach Ragow-Merz habe ich gedacht, ich würde vielleicht was wiedererkennen. Deshalb habe ich mich nun doch nach vorn zu Mutti auf den Bock gesetzt. Mizzi hat sich dann auch noch dazugequetscht, und Mutti hat gar nicht gemosert.

Doch da ist nichts, an das ich mich erinnere. Es ist eine einzige Verwüstung. Auf den Feldern steht kein Korn, an den Rändern wächst kaum ein Kraut, die Alleen stehen voll verkohlter Bäume. Die Landstraße nach Wiesenau ist von Panzerketten zerfurcht, in den Gräbern liegen tote Pferde, allerlei Vieh mit offenen Bäuchen im hohen Unkraut. Wir sehen auch tote Soldaten, oder das, was von ihnen übrig ist. Es stinkt, mein Gott, wie es stinkt! Mir ist schlecht. Keiner spricht. Mizzi weint. Da, der Birkenhain, den erinnere ich, glaube ich zumindest. Jeden Moment, denke ich, muss doch jetzt der Kirchturm zu sehen sein. Aber da sind nur Schutt, Berge von Schutt. Solch eine gewaltige Zerstörung! Kein Haus, das nicht dem Erdboden gleich ist oder zumindest stark gebrannt hat. Vom Kaufmannsladen steht nur noch der Giebel. Die Schule steht verkohlt und ohne Dachstuhl. Als wir um die nächste Ecke biegen, sind wir kurz vor Oma Sobbels' Hof, aber ich begreife das gar nicht. Ich erkenne von Weitem die backsteinernen Mauern der Kirche, den Rest gibt es nicht mehr. Und dann das Schlimmste: Omas Hof gibt es auch nicht mehr.

Es ist viel grauenvoller als alles, was wir auf unserer Reise bisher zu sehen bekommen haben. Hier ist nur noch Tod und Verderben. Was sollen wir denn jetzt machen? Wo sollen wir denn jetzt hin? Wo sind Oma und Großvater Lilie, und Tante Klara?

Mir wird ganz schwach im Kopf, mein Magen brennt und ich übergebe mich über Mizzis Schoß hinweg auf den Weg.

Elisabeth

10. Juni 1945 – am frühen Abend

Es ist ärger als meine schlimmsten Ahnungen. Am Abzweig nach Brieskow-Finkenheerd lagen verkohlte Menschen in grotesken Verrenkungen auf einem Haufen, ihre Leiber durch die Wärme schon schwarz und aufgedunsen und über allem dieser bestialische, süßliche Gestank nach Verwesung.

Hier in Wiesenau ist nahezu alles zerstört. Und es ist viel mehr als die bloße Verwüstung. Es ist, als hätte eine übel gelaunte Urgewalt das ganze Dorf, die Höfe, den Friedhof samt Kirche und Grabmalen einfach gewaltsam umgepflügt. Man kann kaum noch erkennen, wo das Dorf einmal anfing oder aufhörte.

Wir sind dann zu Mutters Hof: Ein Schlachtfeld, ein einziger Trümmerberg, vom Haupthaus existiert noch der Keller, aber der ist verschüttet. Heuschuppen und Tenne sind nicht mehr zu erkennen, nur der alte Häufelpflug markiert ihren ursprünglichen Standort. Der Garten wirkt verwüstet wie nach einem gewaltigen Erdbeben und ist übersät mit Munitionshülsen und allerlei Metallteilen. Die Kastanien zur Oderseite sind völlig entlaubt, obgleich sie nicht gebrannt zu haben scheinen. Wie nur? Bloß ein paar Stachelbeersträucher stehen noch da, als wäre nichts gewesen, und auch der alte Kirschbaum ist nahezu unversehrt; davor liegen, wie zu einer Beisetzung drapiert, zwei Wehrmachtshelme. Totes Vieh dampft mit aufgebrochenem Wanst vor sich hin, ihr Pansen stinkt entsetzlich. Über allem hängt ein zäher Dunst, der sich nun mit der hereinbrechenden Dämmerung zu einer Art stinkendem Nebel paart. Die Kämpfe hier müssen infernalisch gewesen sein. Gerlinde ist derart schockiert, sie kotzt erst mal vom Wagen herunter. Mein einziger

Trost in diesem Moment: Wären wir hier geblieben, wir wären jetzt alle tot.

Mutter blickt wie versteinert auf die Überreste ihres Hofes. Sie sagt nichts, sie weint nicht, sie schaut mich auch nicht an. Nach ein paar Minuten wendet sie sich ab und steigt mit ausdruckslo-ser Miene wieder auf den Wagen, diesmal auf den Kutschbock, nimmt die Zügel in die Hand und sagt leise an mich gewandt: Weiter!

Wir fahren in Richtung der ehemaligen Hauptstraße. Die Straße ist frei und unwirklich sauber, sie wirkt fast wie gefegt. Ein paar Radowois kommen uns mit Panjewagen entgegen. Sie mustern uns bloß desinteressiert, die wissen ja, dass hier nichts mehr zu holen ist. Jede Alltäglichkeit scheint mit gestorben. Sonst treffen wir keine weiteren Leute auf der Straße, nicht eine Menschen-seele.

Etwa in der Mitte der Hauptstraße müssen wir um einen Bom-benkrater herumfahren, in dem etwas liegt, das wiederum aus-sieht wie Leichenteile. Aber vielleicht täusche ich mich auch, vielleicht waren es nur verkohlte Äste. Und dann, ein kleines helles Wunder inmitten dieser pestschwarzen Hölle: Bernhards weiß gestrichenes Elternhaus, es steht noch, nur der Dachstuhl ist ausgebrannt. Die Außenwände im Erdgeschoss, in ihrer sat-ten Vorkriegsfarbe wirken sie seltsam sauber, sogar die Gläser der Küchenfenster sind noch heil.

Das Haus wirkt unbewohnt. Ich halte die Pferde an. Alle springen vom Wagen. Und als Ari den Weg zum Eingang hin-aufläuft, öffnet sich langsam die Tür und Bernhards Schwester tritt heraus.

Schau nur geradeaus

Gerlinde

12. Juni 1945

Tante Klara ist komisch.

Ganz anders als früher, da war sie oft ein wenig verzagt, einsilbig und sogar ein bisschen ängstlich. Jetzt redet sie immer ganz viel, und wenn sie mal lacht, was selten ist, dann klingt es, als wäre sie eine ganz junge Krähe. Sie sieht auch ein bisschen so aus, denn sie ist furchtbar dünn, und sie hat ihre Haare so kurz geschoren, dass man die Kopfhaut unter dem schwarzen Flaum sieht. Es ist mir peinlich, dass ich das über sie denke, aber was kann ich dagegen machen?

Klara will, dass ich mit ihr zum Russen gehe und um Essen für uns bettele.

»Nicht betteln«, hat sie heute früh gesagt, »das nennt sich jetzt Verbrüderung.« Dabei hat sie so merkwürdig geschnaubt.

Mutti hat sie harsch angeraunzt, sie solle mich gefälligst in Frieden lassen. Obwohl sie mir ja genau genommen gar nichts getan hatte. Dann haben die beiden mich nach nebenan geschickt und in der Küche lange lautstark gezankt.

Kurze Zeit später ist Klara wütend nach draußen gestürmt, obwohl es schon dunkel war und dann eigentlich keiner von uns mehr rausgehen darf. Ich weiß nicht, ob es verboten ist, aber die Russen laufen Kontrolle; niemand will ihnen des Abends begegnen. Die sind dann oft betrunken, und dann bekommen alle noch mehr Angst vor ihnen als tagsüber, wenn sie ja meistens ganz friedlich sind.

Nach einer Weile ist Klara wieder da gewesen und hat sich noch mal mit Mutti unterhalten, diesmal ging es etwas ruhiger zu. Doch ich warte eigentlich jeden Moment auf den nächsten großen Streit. Und ich will schon gar nicht mit Klara zum Russen!

Die ganze Zankerei macht mich krank, es ist schlimm genug, dass ich beinahe den ganzen Tag allein hier im Haus sitze. Na ja, nicht ganz allein, sondern mit Großmutter, aber die ist ja so krank – und mit Mizzi, weil wir nicht rausdürfen.

»Es ist zu gefährlich«, sagen Oma Sobbels und Mutti immer wieder zu uns. »Wir wissen ja nicht, wo ihr dann herumschleicht.«

Mizzi und ich schleichen aber gar nicht herum, wir wollen ja nur mal an die ›frische Luft‹. Obwohl, die ist natürlich nicht frisch. Gestern Abend hat es gewittert, und dennoch ist es wieder sehr heiß draußen, es stinkt wie die Pest. Es stinkt nun zwar anders, aber auch schlimmer, feuchter, und ich mag nur mit dem Kragen vor der Nase vor die Tür. Klara meint, ich stelle mich an wie eine höhere Tochter, aber Mizzi sieht das ebenso wie ich.

Wir hatten beide Glück im Unglück, das sagt man wohl so. Von Tante Brunas Hof steht noch ein Überrest, na ja, es ist nicht wirklich ein Rest, es ist die ehemalige Waschküche und der Keller. Sie und Mizzi sind da jetzt untergekrochen. Und über Tag darf Mizzi dann manchmal zum Spielen zu mir, aber natürlich nur, wenn Tante Bruna sie bringt. So haben wir immerhin alle ein Dach über dem Kopf, obwohl das Dach von Großvaters Haus genau genommen nicht mehr da ist. Aber ich will nach Hause, nach Matschdorf! Es sind doch nur noch ein paar Kilometer zu Fuß, na ja, und dann kurz über die Oder.

Ich will sehen, ob unser Haus noch steht, die Schule! Ob meine Susi noch da ist, Lotti, Gerda und der alte Wittich und all die anderen. Ob die noch am Leben sind. Wie verrückt Sehnsucht habe ich nach ihnen, nach unserem Garten, dem Schlosspark, unserer Eilang. Ja, sogar Aale würde ich jeden Tag essen, wenn es sein muss!

Ich möchte bitte, dass alles wieder so wird, wie es früher mal war.

* * *

Großvater ist tot. Als der Russe kam, hatten er, Großmutter Lilie und Tante Klara sich im Keller versteckt. Und dann, als der Russe die Tür aufgebrochen hat, ist Großvater vor Schreck am Herzschlag gestorben, sagt Klara. Einfach so, tot von einer Sekunde auf die nächste, zusammengesackt auf dem Schemel, auf dem er saß. Da waren Großmutter und Tante Klara auf einen Schlag allein mit dem Russen. Das muss so furchtbar gewesen sein für die beiden. Was müssen die für eine Angst gehabt haben! Großmutter hat uns kaum mehr darüber erzählt als diese paar Sätze. Sie ist wohl noch zu traurig und außerdem zu schwach. Sie vermisst ihren Mann wirklich sehr, das spüre ich, und vielleicht ist sie ja deshalb auch so schlimm krank geworden. Und Klara will nicht darüber sprechen.

Ich habe ein schlechtes Gewissen, dass ich nicht so doll betrübt bin über Großvaters Tod. Er war immer sehr streng und ›reserviert‹ uns Kindern gegenüber, so jedenfalls hat Ekkehard das genannt. Er sah auch so aus, mit knochigen Schläfen und einem spitzen Kinn. Und er war ein wenig geizig. Bei ihm gab es oft bloß Ermahnungen und gute Ratschläge.

Gelacht hat er nur selten. Ganz anders als Papa! Äußerst fromm war er auch. Mutti hat mal gemeint, er hätte so »eine gewisse Mischung aus Salbaderei und Strenge«. Als ich wissen wollte, was genau denn ›salbadern‹ ist, da konnte oder wollte sie es mir aber nicht erklären. Jedenfalls nahm er es mit allem immer schrecklich genau. So wie damals mit den Weintrauben.

Aber er ist ja mein einziger Großvater gewesen. ›Vati‹, Oma Sobbels' Mann, ist doch im ersten Krieg geblieben. Also müsste ich eigentlich viel, viel trauriger sein! Aber vor allem war Großvater ja Papas Papa. Es ist seltsam, aber ich bin jetzt schon an Papas Stelle viel trauriger, als ich selbst traurig sein kann. Wenn ich mir vorstelle, er kommt wieder und sein Papa ist nicht am Leben, wie schlimm das für ihn wird! Darüber muss ich dann gleich wieder bitterlich weinen. Ich bete jeden Abend, dass ich meinen eigenen Papa wiedersehe, und versuche jetzt, immer ganz brav zu sein, damit der liebe Gott mir diesen einen Wunsch erfüllt.

19. Juni 1945

Ari und Ekkehard dürfen seit ein paar Tagen auf das Stück Garten hinter dem Haus, weil sie festgestellt zu haben glauben, dass dort keine Minen liegen. Als wir weg waren mit dem Treck, haben die Soldaten in Großvaters Garten jede Menge Löcher ausgehoben, ganz tief, mindestens so tief, wie Mizzi jetzt groß ist. Sie haben die Löcher recht schön verkleidet von innen, mit lauter Brettern, die sie zuvor wohl aus Großvaters Möbeln gehauen haben. Wenn man von weiter weg draufschaut, sehen manche ein bisschen so aus wie damals Lottis Puppenstube.

In einer der Butzen gibt es so etwas wie einen Ausguck, ein kleines Fensterchen, vor das jemand die gehäkelten Halb-Gardinen aus Großmutters Küche genagelt hat. In einem anderen stand so ein angerosteter Kanonenofen. Seltsam.

»Warum sind sie nicht einfach im Haus geblieben, da wäre es doch viel hübscher und vor allem wärmer gewesen?« Das habe ich Ekkehard gefragt.

»Du Dummchen«, hat er gemeint, »das sind Schützengräben. Darin haben sie auf den anrückenden Iwan gewartet! Die wollten bestimmt nicht gesehen werden, wie sie einfach so den Kopf aus einem von Großvaters Fenstern stecken.«

Kann ja sein. Aber wieso geben mir immer alle nur das Gefühl, dass ich dumm bin, wenn ich etwas frage? Dabei spüre ich ja, dass die Erwachsenen auf viele Fragen hier selbst keine Antwort haben.

Im Haus steht außer dem Bett, in dem Großmutter Lilie jetzt liegt, und dem Tisch in der Küche kaum ein Möbelstück mehr. In der Küche gibt es noch den Ofen und einen Schrank mit Küchenzeug, Waschzuber und ein wenig Besteck, Gott sei Dank. Und dann gibt es noch eine Kommode im hinteren Zimmer, darin war sogar noch etwas von der Aussteuer der ersten Großmutter Lilie. So kommt es, dass ich jetzt zwar auf einem Bettsack auf Stroh schlafe, aber mein Plumeau steckt in feinem Leinen mit Spitze und Großmutters Lilies Monogramm. Das hat Mutti für mich bezogen, nachträglich zum Geburtstag. Nun muss ich immer achtgeben, dass es nicht so schnell schmutzig wird oder gar Löcher bekommt. Aber das mache ich gern, genauso wie ich gern jeden Tag unser aller ›Betten‹ mache. Ich schlafe mit Ari, Mutti und Ekkehard in einem Raum auf dem Boden, Klara hat ihr eigenes Zimmer. Großmutter liegt siech in ihrem Schlafzimmer, seitdem wir wieder hier sind.

Das restliche Mobiliar aus Großvaters Haus haben die Soldaten benutzt, um es sich draußen in den Löchern etwas gemütlicher zu machen. Das meiste aber haben sie wohl verheizt, weil es ja so schrecklich kalt war. Ari baut das jetzt alles wieder ab. Damit wir selbst etwas haben, um den Ofen in der Küche anzuheizen, verfeuern wir also einen Teil von Großvaters Möbeln. Weil es noch zu gefährlich ist, in den Wald zu gehen für Reisig. Vielleicht ist es ganz gut, dass Großvater das alles nicht mehr mit ansehen muss. Er war ja so ein ganz Genauer, der würde sich zu Tode grämen, also, wenn er nicht schon tot wär.

Eigentlich will Ari auch die Löcher im Garten gleich wieder zuschüppen. Mutti hat das erst mal verboten. Das sei viel zu anstrengend. Wir hätten ja kaum etwas zu essen, und wir müssten mit unseren Kräften haushalten. Ich muss jetzt auch diesen widerlichen Löwenzahn essen, weil er angeblich gut für mich ist. Und damit ich etwas in den Magen bekomme, mahnt mich Oma Sobbels. Aber ich habe sowieso die ganze Zeit Bauchweh.

Ari ist aber ganz wild darauf, die Unterstände der Soldaten auszuräumen. Er reißt einfach alles raus und packt es auf Häufchen: Stoff zu Stoff, Holz zu Holz, Metall zu Metall und so weiter. Er will damit später auch ein Stück vom Dach flicken, damit es nicht mehr reinregnen kann. Es ist furchtbar heiß draußen, und Ari schwitzt wie der Teufel.

Ich beneide ihn so! Was noch zu gebrauchen ist, bringt er nun rein ins Haus, es verstopft jetzt unten schon den schmalen Korridor. Mutti hat es wohl dreingegeben, mit ihm zu zanken. Sie hat beileibe auch andere Sorgen. Oder sie weiß nicht recht, was sie davon halten soll. Das Holz für den Ofen können wir ja gut gebrauchen, da beißt die Maus keinen Faden ab. Jedenfalls hat sie erst gemosert: »Das stinkt! Ist doch alles voller Motten! Ich will nichts, in dem der Iwan gehockt hat!«

Tante Klara hat nur die Augen verdreht. Sie fand Mutti ja schon immer ›etepetete‹. Mutti hat so getan, als sähe sie es nicht. Dann hat sie klein beigegeben und zu Klara gesagt: »Na, soll sich der Bengel in Gottes Namen abreagieren.«

Ich würde zu gern mitmachen dabei, aber das ist natürlich wieder ›Männersache‹, findet Mutti. Jetzt wähnt sich Ari natürlich gleich noch mal wichtiger und stolziert albern herum wie ein Gockel. Ekkehard hat Ari erst aufgezogen, als der damit anfing, alles auf links zu ziehen: »Auf die Bäume, ihr Affen! Der Wald wird gefegt!«

Aber dann wollte er plötzlich mitmachen und, na klar, er durfte.

Was habe ich gedibbert und mich aufgeregt! Heute Nachmittag darf ich nun auch mal in den Garten, hach, wie gnädig! Und auch nur, solange Ekkehard und Ari dabei sind. Und auch nur, um ein Stück Beet umzugraben, damit wir noch ein paar von den grünen Kartoffeln einsetzen können, die Ekkehard noch in den Resten von Oma Sobbels' Hof gefunden hat. Obwohl Oma sagt, das bringt jetzt nichts mehr, es ist zu spät im Jahr, auch fürs Stoppeln ist es natürlich zu spät. Wir sollten sie lieber gleich essen. Doch Mutti hält grüne Kartoffeln für giftig. Klara hat Widerworte gegeben. Also haben sie postwendend wieder miteinander gestritten! Aber dann hat Oma gegrinst, mich liebevoll an ihre Hüfte gedrückt und laut verkündet: »Nu, Marjellchens, dat Jezetere bringt doch nüscht!«

Sofort war Ruhe.

Oma Sobbels ist einfach die Allerbeste. Sie ist so gefasst, obwohl ihr ganzer Hof weg ist, und überhaupt. Sie brüllt nicht herum. Und sie hat fast immer recht.

22. Juni 1945

Die Tage sind so entsetzlich lang. Der Russe hat uns jetzt sogar die Zeit verstellt! Seit zwei Monaten haben wir dieselbe Uhrzeit wie die Leute in deren Hauptstadt Moskau, bloß weil der Russe das so will. Das nennen sie die ›doppelte Sommerzeit‹, sagt Ekkehard, mein neunmalkluger Bruder. Und deswegen ist es jetzt bis spät in die Nacht furchtbar hell, und ich kann nicht ins Bett, oder wenn ich endlich liege, dann kann ich nicht einschlafen. Ich finde, wir müssten uns darum doch gar nicht scheren. Das kann uns doch schnurzpiepegal sein. Auf dem Treck hat sich ja auch niemand drum geschert, wie spät es war. Es weiß ja keiner, ob wir zueinander sagen: Es ist fünf Uhr, während der Russe sagt, es ist erst drei. Außerdem hat von uns allen sowieso nur noch Ari eine Uhr, die Taschenuhr von Papa. Die hat er tatsächlich die ganze Zeit im Treck in seiner Hosentasche gehabt! Mutti hat geglaubt, wir hätten sie in Matschdorf liegen lassen oder gar verloren. Das gab vielleicht ein Donnerwetter, als Ari sie vor ein paar Tagen hervorholte!

Gleich nach ihrem Krawumm hat sie auf einmal angefangen zu schluchzen, ganz kurz und heftig bloß, aber Mutti weint sonst nie. Ich vermute, sie hat sich bloß gefreut, dass sie jetzt doch noch ein Andenken an Papa hat.

»Na, jetzt wissen wir wenigstens wieder, was uns das Stündchen geschlagen hat«, hat sie geschnieft und dabei so schief gelächelt.

Ari soll jetzt weiter auf die Uhr aufpassen, hat Mutti schließlich gemeint: »Bei dir ist sie ja offenbar sicher.«

Ich finde das wieder mal vollkommen ungerecht: Ari kommt wirklich immer mit allem durch!

Obwohl. Wenn wir das früher in Matschdorf schon gehabt hätten, das mit der doppelten Sommerzeit, ach, das wäre gar nicht so schlecht gewesen.

Davon träume ich jetzt oft: Wie ich früher mit Lotti bis spätabends auf dem Rasen gelegen habe, und wir uns Geschichten von Prinzessinnen und Drachentötern erzählt haben. Das ginge ja nun viel länger: Mit der Russenzeit könnte ich freitagabends noch mit Papa an unserem Steg im Garten angeln gehen. Des Freitags kommt er immer spät von seinem zusätzlichen Dienst als Standesbeamter zurück, und ich darf länger aufbleiben. Wir würden uns den Sonnenuntergang anschauen, ich dürfte einen Apfel schälen mit seinem Hirschhornmesser, und ich würde ihn mit kleinen Apfelstücken füttern, weil er ja schließlich die Angel halten muss. Papa würde mir erzählen, wie man so lebt, drüben in Frankreich, wo es Apfelsinen gibt, und Esskastanien und Pastete von Wildschwein und Gänseleber mit echten Trüffeln. Irgendwann später würden dann die Vögel zu zwitschern aufhören, Papa würde leise sein Eilang-Lied pfeifen und ich vielleicht noch auf dem Steg einschlafen, eingemummelt in Muttis alte Flickendecke, den Kopf auf Papas Schoß. Und am nächsten Tag gäbe es Fisch. Von mir aus auch Aal. Ach, wie gern hätte ich jetzt ein Stückchen Aal!

Aber unsere Eilang heißt jetzt ›Ilanka‹, sagt Ekkehard. »Weil Matschdorf jetzt den Polen gehört, und die sagen nicht ›Eilang‹.«

In unserem Haus leben wahrscheinlich Russen. Von unserem Auto ist nun gar nichts mehr übrig. Meine Susi ist bestimmt kaputt. Und Papa ist vielleicht gar nicht mehr am Leben.

* * *

Ich habe Bauchweh. Und ich habe immer Hunger. Das Bauchweh kommt aber nicht vom Hunger, das denke ich jedenfalls. Es ist nämlich fast immer da und geht auch nicht weg, wenn es mal etwas zu essen gibt. Mutti hat schon Sorge, dass ich eine schlimme Krankheit kriege, so etwas wie die Ruhr oder den Typhus, aber ich muss nicht andauernd laufen, so wie Großmutter. Ich muss eigentlich kaum irgendwann mal groß. Nur Pipi machen, von Muttis blödem Pusteblumentee und ihrem ewigen abgekochten, muffigen Wasser.

Unentwegt muss ich irgendetwas reinemachen. Mutti hat da so ihren Fimmel. Sie war ja schon immer so penibel, aber nun wird's langsam ehrlich zu bunt. Sogar den Sockel vom Haus hab ich schrubben müssen, trocken, mit der Wurzelbürste! Das war anstrengend, aber immerhin leuchtet die weiße Farbe, die unter all dem Dreck zum Vorschein kam, jetzt sehr schön. Nicht bloß, wenn die Sonne drauf scheint. Sie passt nur irgendwie nicht zum ganzen Rest.

Die paar Lumpen, die wir zum Feudeln haben, für den Abwasch und zur Leibwäsche, die soll ich auf dem Ofen jeden Tag aufs

Neue aufkochen. Immer wenn das Feuer genug geschürt ist, stellt Mutti zuerst zwei große Töpfe mit Wasser auf: Der eine macht uns sauberes Wasser zum Trinken, weil alles, was darin giftig ist, das Sieden nicht überlebt.

Der andere ist fürs Waschwasser. Erst darf Klara ihr vermaledeites Kopftuch darin aufkochen, zum x-ten Mal, auch wenn's noch ganz rein ist. Danach kommt die Leibwäsche hinein, wenn's welche zu waschen gibt, und zum Schluss die Putzlumpen.

Gottlob gibt es an der rückwärtigen Hauswand genügend Efeu, das Mutti mich täglich zupfen lässt. Dafür darf ich dann sogar mal raus, wenn die Buben nicht da sind. Später stopfe ich dann einige Blätter in einen löchrigen Socken, binde ihn zu und werfe ihn in den Waschsud. Mutti sagt, davon wird alles viel sauberer. Ich finde dennoch, dass all unser Zeug stinkt.

Früher hätte ich das immerhin nicht allein machen müssen. Da wäre Palaschka als Hilfe gewesen. Oder Gerda.

Palaschka fehlt mir ganz fürchterlich. Wo sie jetzt wohl ist? Ob es ihr gut geht beim Amerikaner? Besser als uns hier?

Klara glaubt, Palaschka hat »doch das große Los gezogen, weil sie nicht wieder mit euch zurück musste«. Sie scheint ihr das irgendwie nicht zu gönnen, und das begreife ich nicht.

»Das Russenkind«, sagt sie jetzt immerzu verächtlich, obwohl sie Palaschka früher eigentlich immer gemocht hat. Klara ist sowieso nur noch zu mir und Mizzi einigermaßen nett. Mit allen anderen gerät sie gleich in Streitereien oder endlose Wortgefechte. Das kommt so aus dem Nichts: Man ahnt nichts Böses, und schon keift sie wieder wie toll herum. Wir schlafen jetzt alle in einem Zimmer. Das andere, das außer der Küche noch völlig heil ist hier im Haus, das hat Großmutter allein für sich, weil sie so krank ist. Es geht ihr jeden Tag schlechter. Ich darf nicht in ihr Zimmer, weil Mutti glaubt, dass Großmutter ansteckend ist.

Es vergeht keine Nacht, in der Klara nicht im Traum anfängt zu wimmern oder gar zu schreien. Ich warte nun schon fast darauf, und deshalb schlafe ich selbst nicht so viel. Sie beruhigt sich zwar nach einer Weile wieder, also zumindest wenn sie selbst davon aufwacht, aber dann sind natürlich meist alle anderen auch schon wach. Alle, sogar Ari! Er sagt, am besten, wir basteln uns irgendwas für die Ohren, eine Art Stöpsel aus Lumpen mit etwas Kerzenwachs. Dafür müssen wir aber mal unbemerkt ein bisschen Talg stibitzen, wenn Mutti nicht dabei ist und bevor sie die Stümpfe für eine neue Kerze wieder einschmilzt.

Weil wir nur noch wenige Kerzen haben, würde sie bestimmt sehr zornig, wenn sie das mitbekäme. Aber Klaras Geheule macht mich einfach ganz verrückt. Und traurig obendrein. Wenigstens wachsen ihr jetzt wieder ein paar Haare.

Mutti sagt, Klara hat viel mitgemacht, in der Zeit, als wir mit dem Treck unterwegs waren. Aber das haben wir doch alle! Wenn ich mal Widerworte gebe, dann kriege ich immer gleich an die Ohren. Aber inzwischen sag ich sowieso kaum noch etwas. Es hat ja keinen Zweck.

* * *

Hier geht jetzt fast täglich irgendwo eine Mine hoch. Wir hören das jedes Mal und zucken zusammen wie von der Tarantel gestochen.

»Der Russe schickt jetzt solche ›Himmelfahrts-Kommandos‹ aus deutschen Männern«, hat Klara heute früh erklärt. »Die sollen mit langen Stangen vor sich herumstochern und so herausfinden, wo Blindgänger oder Minen liegen.«

In unserem Garten waren sie angeblich schon ganz zu Anfang, als wir noch mit dem Treck unterwegs waren, da soll es jetzt ›sauber‹ sein. Deshalb hat Mutti auch erlaubt, dass die Jungs im Garten die Stellungshütten abbauen.

Ich würde so, so gern helfen, aber Mizzi und ich dürfen fast nie raus. Mizzi ist ja bei ihren Großeltern untergekommen, bei denen stand auch noch ein Teil des Hauses, und sie darf nur noch selten zu uns, weil sie immer jemand hierherbegleiten muss. Oder mich jemand zu ihr. Was ganz blöde ist. Denn Blessie und Puppe, die stehen jetzt auch bei Tante Bruna und Mizzi, weil Mizzis Großeltern noch ein Stück Wiese haben, auf der die beiden grasen können. Bei Oma Sobbels ist ja alles in Klump.

In Beeskow müssen auch die Frauen raus zum Minenräumen, sagt Tante Bruna. Das ist schrecklich. Man hat ja keine Chance, wenn man mit seinem Stecken auf etwas stößt, und das explodiert dann. Dann verliert man seine Beine, oder man ist gleich Mus.

»Mehrteilig ins Jenseits«, hat Ekkehard gealbert. Von Mutti hat er sich dafür ordentlich eine gefangen.

Ich kann das aber auch nicht witzig finden. Ich fürchte, dass sie irgendwann Ari oder Ekkehard dafür holen, und dass die dann zerfetzt werden. Oder Klara. Oder Mutti.

28. Juni 1945

Großmutter Lilie wird immer schwächer. Sie bekommt von uns allen am meisten zu essen, vor allem heiße Brühen und Löwenzahntee, aber sie behält nichts bei sich. Mutti schleppt nun den ganzen Tag müffelnde Eimer hin und her und verscharrt den Inhalt ganz am Ende des Gartens. Ari muss jetzt immer neue Löcher für sie ausheben, ungefähr da, wo das gefährliche Wäldchen beginnt, das mit den vielen Minen. Das geht nämlich nur noch dort. Am anderen Ende des Gartens haben sie Großvater Ernst begraben.

»Vorübergehend«, sagt Mutti.

Ja, wollen sie ihn denn etwa wieder ausbuddeln? Das ist eine so grausige Vorstellung, mir wird davon ganz übel.

Mutti bindet sich den Ärmel einer alten Bluse vors Gesicht, bevor sie ins Schlafzimmer geht, weil sie sich nun sicher ist, dass Großmutter die Ruhr hat. In Finkenheerd habe es schon mehrere Menschen ›erwischt‹. Aber ins Krankenhaus nach Ziltendorf soll Großmutter nicht.

»Da geht es jetzt zu wie in Sodom und Gomorrha«, sagt Mutti, was wohl bedeutet, dass es dort sehr schlimm ist, weil es viele Kranke gibt und nur wenige Ärzte und man deshalb da auch nicht gesünder wird.

Ich darf, wie auch Ari und Ekkehard, nicht zu Großmutter ins Zimmer, denn Mutti hat Angst, dass wir uns bei ihr anstecken. Davor fürchte ich mich gar nicht. Viel mehr habe ich Sorge, dass Mutti selber krank wird.

Tante Klara macht das mit den Eimern nicht, weil sie ja schon »genug mitgemacht hat«, wie Mutti immer wieder sagt. Wahrscheinlich, weil Klara ja schon ihren Papa hier verloren hat, als der Russe reinkam, und Großmutter Lilie bloß Klaras Stiefmutter ist. Ist sie da, von der Verwandtschaft her, nicht näher dran als meine Mutti? Die ist ja genau genommen nur Großmutters Stief-Schwiegertochter, oder wie man das nennt. Und deshalb sollte Klara sich auch kümmern, finde ich. Nicht bloß Mutti. Als ich das Ari anvertraut habe, hat er bloß die Schultern gezuckt und gesagt: »Kann schon sein.«

Den schert aber auch gar nichts! Vielleicht meint er auch, ich sei wieder mal nur selbstsüchtig, weil ich solche Angst um unsere Mutti habe. Derlei dumme Gedanken behalte ich jetzt besser für mich, oder vielleicht kann ich mal mit Mizzi darüber sprechen. Ach nein, lieber nicht. Die petzt das dann bestimmt wieder ihrer eigenen Oma oder Tante Bruna. Und wie stehe ich dann da!

Großmutter Lilie ist nicht meine Lieblingsoma. Das liegt nicht daran, dass es Papas Stiefmutti ist oder so, denn sie war eigentlich immer ›wohlmeinend‹ mit mir. Das ist Ekkehards Beschreibung. Aber eben nicht so lieb und herzensgut wie Oma Sobbels. Deshalb sage ich auch Großmutter Lilie zu ihr und nicht Oma.

Wenn man zwei Omas hat, dann hat man eine immer etwas lieber, das ist doch normal, oder? Trotzdem würde ich, ach, so gern zu ihr reingehen, denn sie muss sich doch schrecklich grämen und sicher auch doll langweilen, so ganz allein da im dunklen Schlafzimmer zu liegen. Da wird man doch nicht gesund, so einsam und verlassen! Mutti hat nun auch die Fenster verhängt, weil es draußen sengend heiß ist.

Ich könnte Großmutter bestimmt aufmuntern und ihr Geschichten erzählen, so wie Palaschka damals; ich glaube, das kann ich ganz gut. Wenn mir jemand feine Märchen erzählt, werde ich auch immer fix gesund.

Jedenfalls war das früher so.

Elisabeth

5. Juli 1945

Sie schafft es nicht, das spüre ich. Da kann ich noch so viele Kräuter aufbrühen, beten und mit Engelszungen auf sie einreden. Als wir ankamen, war Schwiegermutter schon nur noch ein bloßer Schatten ihrer selbst. Am nächsten Morgen hat sie sich ins Bett gelegt, gottlob hat sie noch eines, und ist seither nicht mehr aufgestanden. Als hätte sie sich selbst endlich die Erlaubnis erteilt, ganz und gar elend zu sein. Sie behält nichts mehr bei sich und wird täglich schwächer. Es kann wohl die Ruhr sein, ich bin nicht sicher. Wäre doch kein Wunder, bei all der Fäulnis und Verwesung um uns herum. Wer weiß, ob sie in den vergangenen Wochen immer alles so penibel abgekocht hat wie ich? Und kein Arzt weit und breit.

Vielleicht mag sie auch einfach nicht mehr, sie hat ja so ein Grauen geschaut! Wahrlich mehr als wir auf dem Treck, das steht fest. Klaras Schändungen durch den Russen, Grundgütiger! Wer weiß, vielleicht hat die ausgehungerte Meute nicht mal Schwiegermutter selbst verschont.

Wofür sollte sie denn am Leben bleiben wollen, alte Frau, die sie ist? Der Mann tot, getroffen vom Schlag. Mit bloßen Händen hat sie ihn zusammen mit Klara hinten im Garten verscharren müssen. Dann tags darauf die Stieftochter vom Russen verschleppt, kaum war deren Vati behelfsmäßig unter der Erde. Fortan war Schwiegermutter mutterseelenallein hier, wochenlang, in all der Verwüstung.

Ohne leibliche Kinder, die Heimat zerstört, wir alle weit weg. Kein Schimmer von Trost am Horizont, der Feind allerorten. Wiederaufbau? Für wen oder was? Ich würd's an ihrer Stelle auch nicht mehr wollen.

Doch jetzt möchte ich zumindest, dass es ihr gut geht, dass sie sich aufgehoben fühlt bei uns in ihren schweren Tagen, so wie uns das eben gerade möglich ist. Am kommenden Wochenende wollten wir es eigentlich wagen, Bernhards Vater umzubetten. Am frühen Abend, wenn es nicht mehr gar so heiß ist. Beide Jungs müssen mit ran zum Graben, na ja, vielleicht muss sogar Karl, auch wenn es mich fuchst, ihn überhaupt um Hilfe zu fragen. Totengräber gibt es natürlich nicht, sind ja eh kaum noch Männer da, und Klara und ich schaffen das nicht allein. Bloß die Grube schüppen, das hilft ja nicht.

Der Pfarrer ist nicht in Wiesenau, er teilt sich jetzt auf auf die vielen anderen kleinen Gemeinden ringsum. Wann er wieder mal hier sein wird, das wissen nur die Stare. Ohne Pfarrer gibt's bei Lilies keine Beisetzung. Eigentlich. Nur mag es schon sein, dass wir die Eheleute bald zusammen zur letzten Ruhe betten müssen. Der Friedhof ist zur Hälfte unversehrt und das Lilie'sche

Familiengrab gottlob auch noch da. Das hat etwas Tröstliches. Mir graut allerdings vor dem Ausgraben von Schwiegervaters Leichnam.

Gerlinde

6. Juli 1945

Tante Bruna und Mutti haben etwas vor. Und ich soll sie begleiten. Sie tun furchtbar heimlich, erklären mir nichts, haben es aber sehr eilig. Gegen viertel fünfe haben sie mich schon geweckt, draußen sangen die ersten Vögel, und es war noch ganz dämmrig. Mutti hat mich gescheucht: »Los, los, ankleiden! Wir gehen jetzt etwas zu essen holen!«

Als ich das hörte, war ich ganz fix wach, obwohl ich gehörig Bammel habe vor dem, was die beiden im Schilde führen. Mutti hat mir im Flur ein Schüppchen in die Hand gedrückt, eines, das Großmutter im Herbst zum Anhäufeln ihrer Rosen benutzt. Sie selbst hat sich mit Großvaters altem Spaten bewaffnet, Bruna trägt bloß einen alten Kartoffelsack, den hat Ari wohl draußen aus den Soldatenunterständen im Garten geholt.

»Falls der Russe kommt, sagst du nichts! Lass mich das machen!«, ermahnt mich Mutti.

Als wenn ich den Mund aufkriegen würde, wenn ich einem Russen-Soldaten direkt gegenüberstehe! Tante Bruna sieht ziemlich unglücklich aus, aber Mutti hat ihren entschlossenen Blick aufgesetzt; den kenne ich nur zu gut.

Wir verlassen das Haus, und natürlich sind wir die Einzigen, die so früh draußen herumstapfen. Wir gehen schnurstracks in Richtung von Oma Sobbels' zerstörtem Hof. An ihrer ehemaligen Auffahrt müssen wir erst einmal vorbei an zwei stinkenden Rinder-Kadavern. Mir wird ganz schlecht, weil es gar so eklig ist, und auch, weil es seit gestern Mittag keinen Bissen gab.

Mutti steuert auf Omas ehemaligen Garten zu und beginnt, ein paar Meter rechts von den zwei Stachelbeerbüschen, die den Krieg überlebt haben, wie wild zu schüppen.

Sie heißt mich mithelfen, doch ich möchte viel lieber sofort zu den Stachelbeeren, denn die sind bestimmt schon ein bisschen reif. Das Wasser läuft mir im Mund zusammen, wenn ich daran denke, dass ich die gleich zum Frühstück bekomme. Mutti bemerkt meinen sehnsüchtigen Blick

»Das machen wir zum Schluss!«, herrscht sie mich an. »Los, mach weiter!«

Tante Bruna muss für uns Schmiere stehen, sie ist am Ende der Straße stehen geblieben und soll uns warnen, falls jemand kommt. Mutti gräbt wie verrückt, der Schweiß steht ihr schon auf der Stirn. Ich knie an ihrer Seite und helfe, so gut ich kann, beim Buddeln, aber der Boden ist ziemlich hart, es hat schon lange nicht mehr geregnet. Es staubt ordentlich, ich bekomme alles in die Augen, und schnell habe ich das Gefühl, dass ich ihr keine große Hilfe bin.

»Oma und ich haben hier vor unserer Flucht einen ganzen Sack mit Konserven vergraben«, keucht sie und schaufelt unterdessen unermüdlich weiter. »Und die holen wir uns jetzt wieder. Los, mach hin! Es muss sehr schnell gehen, damit wir nicht dem …«

Sie bringt den Satz nicht mehr zu Ende, denn in diesem Moment kommt Tante Bruna angerannt, ihr Blick ganz blankes Entsetzen: »Lieschen, schnell!«, ruft sie mit gepresster Stimme.

Mutti schaut hoch und hält mit Graben inne. Bruna kommt gar nicht dazu, etwas zu sagen; hinter ihr her marschieren zwei blau gewandete Russen mit roten Schulterklappen und je einer schweren schwarzen Büchse über der Schulter. Sie sind zwar ganz anders gekleidet als die Lehmfarbenen, denen wir sonst begegnen, aber dass es Russen sind, ist klar.

Augenblicks lasse ich meine Schüppe fallen, getraue mich aber nicht aufzustehen, geschweige denn zu atmen. Mutti klammert sich keuchend an ihren Spaten und stellt sich direkt vor mich, als könne sie mich dadurch beschützen. Auf ihrer Stirn ist ein schmutziger Streifen, den sie sich beim Schweißabwischen geholt hat, eine dunkle Haarsträhne klebt daran fest. Sie sagt nichts, drückt nur mit der linken Hand hinter dem Rücken meinen Kopf in ihren Rock.

Die beiden Russen kommen direkt auf uns zu. Sie blicken auf Mutti und Bruna, und auf mich, wie ich wie ein Kaninchen in der Hocke sitze. Sie wechseln ein paar Worte untereinander und sagen dann recht freundlich zu uns dreien: »Prodolschei!«

Oder so ähnlich, aber das ist es, was ich verstehe.

Dann gehen sie an uns vorbei zu den Stachelbeersträuchern und beginnen ganz ohne Eile, die Beeren zu pflücken. So etwa jede zweite wandert in ihren Mund.

»Haben die jetzt bloß ›Guten Morgen‹ zu uns gesagt?«, raunt Mutti uns fragend zu.

Tante Bruna steht noch da wie versteinert und zuckt erst nach einer ganzen Weile beinahe unmerklich mit ihren Schultern. Beide starren auf die zwei Russen, die sich ein paar Meter weiter lachend miteinander unterhalten, sich immerzu meine Stachelbeeren in den Mund schieben und ab und an das Gesicht verziehen. Die Beeren sind wohl noch ziemlich sauer. Von uns nehmen sie überhaupt keine Notiz mehr.

Mutti heißt mich aufstehen. Ich stelle mich zitternd zwischen sie und Tante Bruna und halte krampfhaft ihre Hand. Nun starren wir zu dritt auf die beiden Soldaten. Bis die sich wohl beobachtet fühlen. Der eine schaut zu uns herüber und merkt, dass wir wie festgefroren dastehen und sie angaffen. Er macht zweimal eine winkende Bewegung mit dem Handrücken und ruft erneut: »Prodolschei, prodolschei!«

Was wohl so viel heißt wie: weitermachen!

Elisabeth

8. Juli 1945

Einen Malzkaffee mit etwas von der kondensierten Milch, die wir auf Sobbels ausgegraben haben, das ist das Letzte, was Schwiegermutter zu sich genommen hat. Sie hat dabei gelächelt, weil es ihr wohltat.

»Was für ein guter Kaffee!«, hat sie leise gemeint und ist nach ein paar Schlückchen wieder eingeschlafen. Als ich das nächste Mal in ihr Zimmer trat, da hat sie ganz friedlich ausgesehen. Ihre Hände hatte sie auf dem Plumeau gefaltet. Als wisse sie, was nun kommen musste, und als wolle sie uns etwas Tröstliches mit auf den Weg geben: Es ist alles gut, ich bin in Frieden gegangen.

Doch für uns Lebende ist es nicht gut. Vielleicht wird es nie wieder gut sein? Für einen Augenblick habe ich sie gar beneidet. Gleich darauf habe ich mich undankbar gescholten und flugs den 23. Psalm für sie gebetet.

Jetzt werde ich den Spiegel verhängen und ihrer treuen Seele eine gute Reise wünschen. Eine rechtschaffene, gottgläubige Frau war das. An einem Sonntag verstorben. Gehe mit Gott, alte Frau! Und mit Mörike als meinem letzten Gruß:

Ein Mensch, den das Schicksal so ängstlich
mit eisernen Händen umklammert,
der muss am Ende doch sein Liebling sein,
und diese grausame Gunst
wird sich ihm eines Tages
als die ewige Güte
und Wahrheit enthüllen.

Nun ist es endgültig an der Zeit, Schwiegervater auszugraben und umzubetten. Ich hoffe inständig, der Pfarrer kommt zurück.

Gerlinde

9. Juli 1945

Es ist schon ein bisschen wie ein Zwang: Ich schleiche mich immer wieder in Großmutters Zimmer. Ich weiß ja, dass Mutti es verboten hat. Aber ich muss sie einfach anschauen, ich habe noch nie einen frischen Leichnam gesehen, also, kurz nachdem er ein Leichnam geworden ist. Oder sagt man eine Leiche, weil es ja eine Frau ist?

Ich kenne nur solche, die schon voller Fliegen waren, bei denen man nicht mehr erkennen konnte, dass es wirklich mal Menschen gewesen sind. Und das kleine Mädchen mit dem roten Mantel. Aber das lag auf dem Bauch.

Immer wenn Mutti es nicht merkt und mich niemand verpetzen kann, schleiche ich nun zu Großmutter ins Schlafzimmer. Dann stehe ich bloß da und betrachte sie. Gerne würde ich sie noch einmal anfassen, doch ich traue mich dann doch nicht.

Großmutter ist ganz gelb, nein, eher hat sie die Farbe von Curry, das Mutti früher manchmal zu besonderen Anlässen zum Kochen benutzt hat. Die Lippen sind lila, es sieht aus, als hätt' sie sich die angemalt. Was Großmutter aber nie getan hätte. Es wurde sich nicht geschmückt bei den Lilies. Und sehr, sehr dünn ist sie, sogar im Gesicht sieht man ihre Knochen hervorstehen. Doch irgendwie sieht sie ganz zufrieden aus, so als wäre sie einfach sehr erschöpft und würde sich nur ein wenig ausruhen wollen. Sie hat ihre Hände gefaltet wie zum Gebet. Großmutter war ja sehr fromm, genauso wie Großvater Ernst.

Vielleicht sind jetzt schon beide im Himmel und sie sehen sich dort wieder. Ja, das wird's sein, wofür sie gebetet hat, da bin ich ganz sicher. Bestimmt geht ihr letzter Wunsch in Erfüllung, und die beiden gucken jetzt auf uns herunter und haben keinen Hunger mehr und keine Schmerzen, sie müssen sich um gar nichts mehr scheren, sondern bloß noch auf ihrer Wolke sitzen und sich für immer ausruhen.

Ich bin zornig auf Mutti, weil sie mir nicht erlaubt hat, mich von Großmutter zu verabschieden! Ich balle die Fäuste, um nicht laut vor mich hin zu schimpfen, aber das macht es nur noch ärger, weil ich mich so am Riemen reißen muss. Endlich kommen mir Tränen, und das fühlt sich zur Abwechslung mal gut an. Es ist wie eine kurze Erleichterung von all dem doofen Kummer, den ich im Magen habe.

Ich hoffe nur, Großmutti ist jetzt noch viel erleichterter als ich.

Elisabeth

9. Juli 1945

Es gibt keine Särge mehr, natürlich nicht. Nirgendwo, nicht in Ziltendorf, nicht in Brieskow-Finkenheerd, nicht in Markendorf. Ari und Ekkehard wollen jetzt gemeinsam mit Karl die Brocken aus dem Garten sichten. Vielleicht lässt sich daraus etwas annähernd Akzeptables zimmern. Ich bezweifle es, ist doch alles kurz und klein gesägt.

Zur letzten Ruhe im eigenen Schrank? Wäre es nicht so traurig, man hielte es wohl für einen üblen Scherz.

Die Überwindung, Schwiegervaters halb verwesten Körper auszugraben, ist schon groß genug. Nicht auszudenken, wenn dann so eine lotterige Kiste beim Transport zum Friedhof nachgibt. Wir haben aber auch nur noch zwei Laken, die passend wären, um seine und Schwiegermutters sterblichen Überreste darin einzuwickeln. Wenigstens für ihn muss es etwas Sargähnliches geben, die Jungs fallen mir sonst um, spätestens auf dem Weg zur Grabstelle. Hinzu kommt diese infernalische Hitze. Mutter warnt zu Recht: Lange können wir nicht mehr warten, sonst werden wir noch alle krank vom Leichengift.

Ich gebe es nun drein, auf die Rückkehr des Pfarrers zu hoffen. Eine Andacht wird es nicht geben. Es muss reichen, wenn wir alle das Vaterunser sprechen. Ist ja weiß Gott nicht die erste Beisetzung, der wir beiwohnen. Und sicher nicht die letzte.

Gerlinde

10. Juli 1945

Onkel Karl hat Puppe ertränkt! Er hat Schnaps vom Russen geklaut, oder ergaunert, oder was weiß ich – und hat sich damit volllaufen lassen. Dann hat er angeschirrt und ist sturztrunken mit ihr in die Oder.

Er hat es überlebt, dieser Dämlack! Ich wünschte, er wäre mit Puppe gestorben! Ich bin so zornig und traurig zugleich, ich könnte alles um mich herum kurz und klein schlagen! Wenn nicht eh schon alles in Trümmern läge.

Elisabeth

13. Juli 1945

Wir haben die beiden Alten einigermaßen würdig zur letzten Ruhe gebettet. Gott sei gedankt für das Familiengrab der Lilies. Wenigstens mussten wir nicht groß um Erlaubnis zur Beisetzung bitten oder gar noch weiter warten.

Ari war letztendlich eine große Hilfe. Er redet zwar oft arg altklug daher, doch das schnelle Ausweiden der Schützenlöcher im Garten war bestimmt nicht die schlechteste seiner Einfälle. So hat es zumindest für Schwiegervater Ernst am Ende zu einem ›Sarg‹ gereicht. Schwiegermutter haben wir bloß in ein Tuch hüllen können.

Gerlinde wollte ich ja eigentlich nicht auf dem Friedplatz dabeihaben. Nur war sie derart verzweifelt, weil nun auch noch Willis Pferd, ihre geliebte Puppe, tot ist. Geradezu außer sich war sie, wie toll: Man machte sich ja bald Sorgen um ihr Seelenheil!

Ich habe Karl gesagt, er soll mir in diesem Leben nie wieder unter die Augen treten, sonst bringe ich ihn eigenhändig um, so wahr mir der Herrgott helfe – oder mir dann die Hölle droht.

Monate um Monate der Wanderung, der Entbehrungen und noch dazu fast den Verlust meines ältesten Sohnes haben die Gäule mit uns gemeinsam überlebt, nur um jetzt von dieser Nulpe zu Tode geritten zu werden! Man fasst es nicht, wie Menschen ihr Unglück durch Nichtsnutzigkeit auch noch zu verschlimmern verstehen.

Gerlinde hat derart gedibbert, mit uns zur Beisetzung kommen zu dürfen, dass ich es zum Schluss um des lieben Friedens willen gestattet habe.

Nützt ja nichts. Sie bekommt es ja doch alles mit, das ganze Sterben und Verderben.

Gerlinde

1. August 1945

Die olle Mühle am Ortseingang gehört entfernten Verwandten von uns, die sind nicht mehr in Wiesenau; das waren sie schon nicht mehr, als wir auf den Treck gingen. Wohin sie sind, das erzählt mir niemand, obwohl ich alle dazu löchere.

Morgen ganz früh geh ich mit den Buben, Mutti und Klara da hin. Das Mühlhaus ist zwar zerbombt, aber ein Teil der Kornkammer steht noch, und man kann wohl auch hinein, das hat Ekkehard schon für uns ausgespäht. Mutti hofft, da liegt vielleicht noch etwas Weizen oder Roggen herum, das wir zum Kochen gebrauchen können. Wir müssen nur höllisch aufpassen.

Zum Einen, weil es gefährlich ist, in den Ruinen herumzukraxeln, es könnte ja irgendetwas über uns einstürzen und uns ›verschütten‹ so wie die Menschen in Berlin. Die mussten in ihren Kellern all die Bombenflieger und die Stalinorgeln abwarten, und manchmal war dann so eine Kellermauer oder die Decke nicht stark genug, und sie wurden bei lebendigem Leib darin begraben. Das hat dieser Hohlkopf Karl uns seinerzeit auf dem Treck erzählt. Um uns ›aufzumuntern‹, wie er meinte, denn wir selbst sind ja nur einmal von Tieffliegern angegriffen worden. Und konnten daher auch nicht verschüttet werden. Oder vom Russen überrascht, so wie Großvater, der vor Schreck gestorben ist. Da hatten wir wohl mal richtig Glück. Auch wenn Karl die Weisheit nicht mit dem Schöpflöffel gefressen hat, wie Mutti meint.

Zum Zweiten, damit wir nicht erwischt werden beim Kornklauen, sagt Ekkehard. Wieso Klauen? Und von wem eigentlich? Wenn sich sonst keiner traut oder auf die Idee kommt, so wie Mutti, kann man doch wohl schwerlich von Klauen sprechen. Das schadet nicht und geht niemanden einen feuchten Kehricht an.

Zum Dritten, damit wir nicht auf eine Mine gehen, auf dem Weg dorthin oder wieder zurück. Wir müssen nämlich Schleichwege nehmen, um dorthin zu kommen. Ich fürchte mich entsetzlich vor den Minen, erst recht seit dem explodierten Füller. Auch wenn das damals keine Mine war, sondern bloß eine getarnte Granate, sagt Ekkehard. Das macht für mich keinen Unterschied. Etwas explodiert, wo man nichts Böses ahnt, und dann ist man tot. Oder grässlich verletzt und für immer schwerversehrt. Das ist ja so widerlich und heimtückisch!

Mutti meint, so sei das nun mal im Krieg, das machten alle

›Seiten‹ so. Nur ist der Krieg ja jetzt schon eine Weile aus, und immer noch sterben die Leute jeden Tag! Das haben die ganzen Offiziere nicht gut zu Ende überlegt. Denn nur Offiziere haben das Sagen beim Militär, das habe ich inzwischen kapiert. Sie hätten auch die besseren Manieren, sagt jedenfalls Klara, und die kennt sich von uns allen am besten aus mit Soldaten. Ich begreife nicht, wie jemand einerseits so manierlich und andererseits so dumm sein kann.

Es ist schlimm, und ich weiß doch auch nicht, warum: Obwohl ich fast schlottere vor Angst, dass uns etwas zustoßen könnte, so bin ich gleichzeitig froh, dass ich zu guter Letzt mitgehen darf. Endlich mal raus und an die stinkende Luft!

Vorgestern hat es wieder gekracht, ganz in der Nähe. Tante Bruna hat erzählt, das war diesmal ein Russe, den es da erwischt hat. Der hat dabei beide Beine verloren, so hört man. Das ist natürlich schlecht.

»Fast noch schlechter, als wenn's einen Deutschen trifft«, findet Mutti. Denn die Russen werden von so was sehr zornig. Selbst manche Offiziere verlieren dann ihre Manieren. Und oft suchen sie in ihrer Wut nach einem Sündenbock und machen Sachen, die ganz schlimm sind, die Mutti uns aber nicht erzählen will.

Ich glaube, Mutti hofft insgeheim, dass wenn der Russe die Jungs mit zwei Kindern erwischt, na, dass er dann etwas netter zu uns ist. So wie damals bei den Stachelbeeren.

5. August 1945

Mutti ist krank! Sie muss immer wieder entsetzlich speien, und es tun ihr Bauch und alle Knochen weh. Ich habe solche Angst, dass es der Typhus ist. Oder gar die Ruhr. Sie liegt nun im selben

Zimmer wie damals Großmutti Lilie. Und ich darf wieder nicht hinein! Zu meiner eigenen Mutti nicht! Sie ruft nur ab und an, wenn sie etwas braucht, und dann stellen Klara und ich es für sie auf die Schwelle. Fast immer ist es nur abgekochtes Wasser. Mutti kriecht auf allen vieren zur Tür, um es sich zu holen.

Wenn sie nun auch stirbt, dann will ich nicht mehr leben.

Elisabeth

7. August 1945

Seit heute Morgen behalte ich wieder etwas bei mir. Wie lange lieg ich hier nun schon? Man erinnert sich ja kaum.

Mag das der Anfang der Genesung sein? Ich mache mir ja solche Vorwürfe, dass wir immer wieder zurück in die Mühle sind. Der Hunger trieb uns, klar, und wir konnten ja nicht offen über die Straße. Das wenige an Korn und Spelz, das dort noch am Boden lag, haben wir in Windeseile zusammengefegt und in die Schürzentaschen der Mädchen gestopft. Zu Hause haben wir dann am Küchentisch gemeinsam ›die Guten ins Kröpfchen, die Mauserumpel ins Töpfchen‹ gespielt. Später habe ich die Guten durch die Kaffeemühle gedreht und alles mit Wasser quellen lassen.

Ich weiß nicht, ob es der Mausekot war, der mich krank gemacht hat, den kriegst du ja nicht keimfrei gekocht. Allerdings: Die Kinder haben den Brei ja auch ein paarmal gegessen, und sie sind noch immer wohlauf. Dann wird's wohl doch Typhus sein.

Nun denn. Vielleicht überleb ich's ja. Vielleicht auch nicht.

* * *

Immer wenn ich nicht schlafe, dann bete ich. Ununterbrochen. Dass Gott meinen Kindern nicht die Mutter nimmt, so wie mir die meine. Ich bete also nicht für mich, sondern lediglich für sie. Ich bin mir vollends gleichgültig geworden. Und ich weiß nicht, ist es bloß die Krankheit, die mich so lethargisch macht, so schwach und so entsetzlich müde? Schon seit Wochen spüre ich, dass mir vieles egal wird. An unser früheres Leben vermag ich mich kaum noch zu erinnern. Es kommt ja eh nicht wieder. Träumen tue ich auch nicht mehr davon, und das ist schade.

Klara hat mir gestern Abend auf Distanz etwas aus meinem Mörike-Buch vorlesen wollen. Doch mittendrin sind die Russen mit Wagen und Megafon durchs Dorf. Es soll nun bald Lebensmittelkarten geben. In Berlin haben sie die angeblich schon seit Mitte Juni. Aber wir sind hier ja immer schon hinter dem Mond. Obwohl: In Matschdorf, das jetzt polnisch ist, da soll's noch ärger sein.

Ekkehard kam danach gleich mit Einzelheiten angestürmt. Atemlos hat er mir von der Türschwelle aus berichtet: »Es gibt fünf verschiedene Kategorien, von I. ›Schwerstarbeiter und Funktionäre‹ bis zu V. ›Kinder und Sonstige‹. Sonstige sind wohl solche, die schwerversehrt sind oder gar nicht mehr arbeiten können.«

Karl habe die Kategorie V. gleich ›Friedhofskarte‹ getauft, ergänzte er, weil's darauf bestimmt ›nüscht nix‹ nichts gebe. Strohkopf! Wenn schon die Kinder nichts bekommen, wer denn bitte schön dann? Ach, was schere ich mich noch um diesen Tagedieb!

»Und Kranke, ja, die bekommen die Ration der Schwerarbeiter, Mutti!«, erzählte Ekkehard atemlos weiter, wohl um mich aufzuheitern. Woher er das nur alles wieder so schnell hat?

Vielleicht habe ich da ja mal Glück im Unglück? Nicht, dass ich die eine Kranken-Ration für mich behielte. Was kommt, wird geteilt. Klara, Mutter und die Kinder haben sie ebenso bitter nötig.

Ehemalige Nazis erhalten keine Karten, so hört man. Ja, herrje, wie wollen sie das denn so schnell herausbekommen? War doch eh keiner in der Partei, wenn man sich heute so umhört.

Ich war's wirklich nicht, aber wie sollte ich das denn im Falle eines Falles beweisen? Vielleicht fragen sie die Frauen auch gar nicht. Wir können nur hoffen, dass Bernhards später Parteieintritt uns jetzt nicht noch zum Verhängnis wird. Ich bezweifle sowieso, dass wir hier, im äußersten Grenzgebiet, etwas abbekommen, Karten hin oder her. Hier in der Gegend ist ja nichts, wo man es verteilen könnte, geschweige denn es zuvor lagern. Ach, was zerbreche ich mir den Kopf. Schlafen ist doch mein einziges Bedürfnis.

Und Mörike träumen. Ich kann ihn ja auswendig.

* * *

Ekkehard hat genau ausgerechnet, wie viel ein Mensch der Kategorie II täglich zu essen hätte, wenn er denn all das bekäme, was auf seiner Karte steht: Rund neun Gramm Fett, das ist vielleicht ein Teelöffelchen voll, 200 Gramm Brot, also in etwa zwei Scheiben, eine für morgens, eine für abends. Dann noch einen Löffel Kunsthonig, ein Jota Streichkäse, einen halben Teelöffel grauen Zucker sowie acht Gramm Grieß.

»Wenn's gibt, dann auch mal eine halbe Tasse Mehl.«

Fleisch, so sagt er, lässt sich nicht beziffern, es sei denn, man würd' ein Kuchengäbelchen voll für eine Fleischration halten.

Gerlinde

9. August 1945

»Das geht so nicht weiter!«, sagt Tante Klara sehr entschieden.

»Wer hier nicht an Typhus oder an der Ruhr stirbt, der verreckt am Hunger.«

Sie hätte darauf ›keine Lust‹. Und damit ist es seit heute früh beschlossene Sache. Punktum.

Mutti war zu schwach, um sich auf ein erneutes Gezänk mit Klara einzulassen. Also muss ich heute Mittag nun doch mit Klara zum Russen. Der hat nämlich dort eine ›Gulaschkanone‹, das hat sie mir vorhin erklärt. Das sei aber nicht Schlimmes. Gulaschkanone wär nur eine Verhohnepipelung für ›großer Topf‹. In dem kochten die Flintenweiber für die Soldaten, ob da nun Gulasch drin sei, Königsberger Klopse oder bloß dicke Wassersuppe mit Graupen.

»Für Wassersuppe werd' ich nicht gehen!«, habe ich ihr ziemlich entschlossen geantwortet. Nicht weil ich bockig sein wollte, oder weil wir Wassersuppe eh jeden Tag essen und mir oft übel wird von dem, was darin herumschwimmt. Jedenfalls ist es nie Kohl. Sondern vor allem, weil ich solchen Bammel habe vor den russischen Soldaten.

»Musst du nicht«, hat sie gemeint, »zu Kindern sind sie immer sehr nett.«

»Bist du denn kein bisschen bange?«, habe ich gefragt.

»Ich?«, hat sie achselzuckend erwidert. »Ich hab vor nüscht nichts mehr Angst.«

Na, da kann sie ja von Glück reden! Ich hab dann von ihr wissen wollen, wieso sie auf einmal so ganz und gar furchtlos ist, so war sie schließlich früher nie. Das ganze Gegenteil, immer ein wenig klamm und verhuscht. Stets hat Richard, ihr Mann, alles für sie regeln müssen, Mutti hat sie sogar oft damit aufgezogen.

Klara sagt, das sei nun mal so, sie sei jetzt eben ›abgehärtet‹ und ich verstünde das sowieso noch nicht. Die Erwachsenen, die das vielleicht verstehen, die reden aber nicht mit mir darüber. Immer bin ich angeblich ›zu klein‹. Und so soll ich mich jetzt einfach auf Klara verlassen, denn wir gehen gleich zum Feldlager am Ortsrand nach Brieskow. Dafür bin ich anscheinend nicht zu klein! Ich bin so grässlich bange, ich habe schon überhaupt keinen Hunger mehr. Nichts, wie weggeblasen. Sollen die anderen sich doch ums Essen kümmern, zur Abwechslung auch mal die Buben!

Klara lässt das nicht gelten. Stattdessen hat sie mir einen schäbigen Topf mit nur einem Henkel in die Hand gedrückt, weil sie hofft, der Russe gibt mir was ab aus seiner Kanone. Nun habe ich aber den Verdacht, dass sie mich bloß mitnimmt, weil sie glaubt, der Russe tut dann auch ihr nichts.

Als wir zum Lager der Russen kommen, stehen da vier Rekruten mit schweren Gewehren über der Schulter, die uns finster anblicken und sich uns breitbeinig in den Weg stellen. Einer kaut einen Priem und spuckt Klara direktemang eine braune Spuckepfütze vor den Schuh. Sie verzieht keine Miene, ja sie zuckt nicht einmal! Stattdessen kommandiert sie mich leise von der Seite, den Soldaten jetzt meinen Topf hinzuhalten. Ich tue, wie mir geheißen, lasse dabei aber fast den Henkel los, so zittere ich.

Dann sagt Klara etwas auf Russisch zu den Uniformierten. Und die scheinen sie zu verstehen! Ich bin davon so überrascht, dass ich sie nur verdutzt mit offenem Mund anstarren kann. Woher kann sie nur auf einmal Russisch sprechen?

Die Männer unterhalten sich daraufhin kurz miteinander und lassen uns dann tatsächlich vorbei. Ich kralle mich an Klaras Hand, und sie zieht mich hinter sich her auf das Gelände, in Richtung eines großen Zeltes, aus dem heraus wir andere Soldaten mit gefüllten Blechnäpfen kommen sehen. Es riecht so verlockend nach Eintopf, mir läuft blöderweise gleich das Wasser im Mund zusammen. Wie lange habe ich so etwas Gutes nicht mehr gerochen! Vor dem Zelteingang stehen zwei Flintenweiber, die uns missmutig ansehen, und es ist klar, dass die uns auf keinen Fall hineinlassen werden.

Neben dem Zelt stehen ein Panzer und ein Panjewagen, auf dem es sich ein paar Sowjets mit ihren Blechnäpfen zum Essen bequem gemacht haben. Davor steht ein zotteliges Pferchen mit einer blonden Mähne, das vergeblich den kargen Boden nach etwas Gras absucht. Als ich das sehe, denke ich, das hat bestimmt ebensolchen Hunger wie ich. Obwohl ich gerade gar keinen Hunger habe, tut mir das Pferdchen so leid. Ich muss an Puppe denken, die in der Oder ertrunken ist, an Blessie, die jetzt ohne ihre Mutti auskommen muss, und mir kommen die Tränen.

Einer der Soldaten sieht nun zu uns herüber und ruft Klara etwas auf Russisch zu. Ihr Gesicht hellt sich auf. Sofort greift sie erneut meine Hand und läuft, mich im Schlepptau, geradewegs zu den Männern, die da auf der Wagenpritsche hocken.

»Rauf da mit dir!«, zischt sie mir zu.

Sie macht meine schweißnasse Hand von sich los und schiebt mich mitsamt meinem Kochtopf in Richtung des Wagens, auf dem die Soldaten sitzen.

Ich will da nicht hin, das ist widerlich! Ich fürchte mich unsäglich, und zugleich schäme ich mich in Grund und Boden. Wofür, das weiß ich eigentlich gar nicht.

Ein Russe sagt etwas zu mir, er lächelt und zeigt dabei sehr gelbe Zähne, in der unteren Reihe fehlen ihm schon ein paar. Er drückt einem Kumpan seinen Blechnapf in die Hand, springt vom Wagen und nimmt meine Hand. Er schaut recht freundlich drein und plaudert in dieser fremden Sprache auf mich ein. Sein Adamsapfel zuckt auf und ab, als hätte er gerade eine Kröte verschluckt.

Klara ruft mir etwas zu, das ich vor lauter Aufregung nicht verstehe. Dann geht der Soldat mit mir zu dem blonden Pferdchen und sagt etwas, das ich so deute: Ich soll das Pferdchen streicheln. Das tue ich zaghaft, und das Tier schaut mich mit sehr müden Augen dankbar an. Jedenfalls kommt es mir so vor. Ich kann ja gut mit Pferden, finden Mutti und ich.

Vielleicht vergisst Klara das mit dem Betteln jetzt, hoffe ich noch flüchtig, da greift mir der Soldat unter beide Arme und hebt mich mit Schwung zu den anderen Soldaten auf den Wagen, als wäre ich eine Puppe. Die nehmen mich lachend in Empfang, und einer setzt mich auf seinen Schoß. Sein Atem riecht wie Oma Sobbels' Jauchegrube.

Die Männer ringsum sind aber nicht böse, sondern fröhlich. Alle reden nun auf mich ein. Sie stinken ganz fürchterlich nach Dreck, Schweiß und ich glaube auch nach Schnaps. Es ist heiß, deshalb müffeln sie umso mehr. Einer zieht an meinen Zöpfen, aber nicht so, dass es wehtut. Die anderen lachen und feixen.

»Ich möchte bitte runter und weg von hier«, murmele ich.

Aber Klara steht unten vor dem Wagen, sie nickt mir verstohlen zu und lächelt aufmunternd.

Der Soldat, auf dessen Schoß ich sitze, gibt mir ein kleines Stück Brot. Dann zieht er einen kleinen Lederbeutel aus der Tasche, der oben mit einer Ringkordel verschlossen ist. Er zieht ihn auf, führt meine Hand mit dem Brot hinein und wieder heraus. Am Brot klebt jetzt brauner Zucker.

»Davai, davai!«, sagt er zu mir, und ich beiße vorsichtig ein Stückchen davon ab. Es knirscht zwischen meinen Zähnen, und ich weiß, ich sollte jetzt dankbar sein. Doch mir ist bloß speiübel.

Elisabeth

10. August 1945

Klara hat das Mädel zum Russen geschleppt! Sollen die dasselbe mit Gerlindchen machen wie mit ihr? Ich schäume geradezu vor Zorn, bin aber schlicht zu erschöpft zum Streiten.

Immerhin haben sie einen ganzen Topf mit Kohlbrühe mitgebracht, über den sich die Bengel hergemacht haben wie die jungen Wölfe.

Wieder einen Tag überlebt. Ich sollte demütiger sein.

Gerlinde

11. August 1945

Betteln ist widerlich. Die Männer sind widerlich. Sogar die Suppe fand ich am Ende widerlich! Unentwegt schütteln möcht' ich mich!

Ari meint, ich müsse mir doch keine Sorgen machen. Na, knorke! Der muss ja auch nicht bei den stinkenden Russen auf dem Schoß sitzen! Der will ja bloß ordentlich was zu futtern.

Immerhin haben wir gestern den Topf bis obenhin voll mit einer Brühe voll Kohl bekommen, darin schwammen sogar ein paar graue Wurstzipfel. Davon mochte ich trotzdem nichts nehmen, ganz egal, wie gut es roch. Mutti auch nicht, und so war mehr für die Jungs da.

Die Männer auf dem Panjewagen, die waren nicht böse. Sie haben mich gut behandelt, und der eine hat mich dann später an der Hand genommen und zu dieser Gulaschkanone geführt. Die Frauen dort haben ziemlich grimmig geguckt, als er mit mir ankam. Nachdem der Soldat auf Russisch auf sie eingeredet hatte, haben sie mir dann aber doch meinen Topf gefüllt. Klara wollten sie dann allerdings nichts mehr geben.

Später habe ich die Suppe dann ganz behutsam nach Hause getragen, auch, weil ich für meinen Topf keinen Deckel hatte und der Topf nur einen Henkel. Es war furchtbar heiß an den Fingern, und ich musste immer wieder absetzen und pusten. Klara lief die ganze Zeit dicht neben mir. Sie glaubte wohl, mich im Auge haben zu müssen. Nicht, dass da noch einer kommt und mir auf dem Nachhauseweg den Topf gleich wieder abgaunert. Mir wär's egal gewesen, ich wollte nur nach Hause zu Mutti. Und mich waschen.

Klara sagt, das mit dem Betteln, das machen wir fortan immer so.

Elisabeth

14. August 1945

Paul Lilie ist auf eine Mine gegangen. Den werden wir nur noch im Henkelkörbchen begraben. Wieder einer für die Familiengruft. Oder das, was von ihm übrig ist.

Wir waren nicht eng, Bernhards Cousin und ich. Oder warum berührt mich das kaum noch? Bin wie taub. Man zieht ja bloß noch den Kopf ein. Und hofft, dass es nicht die eigenen Engsten sind.

* * *

Alle erwachsenen Frauen wurden heute früh mit Lautsprecherwagen von der Straße aufgefordert, sich bei der russischen Kommandantur zu melden. Wir sollen den getöteten Soldaten in den umliegenden Wäldern die Erkennungsmarken abnehmen. Danach sollen wir sie vergraben. Wohlgemerkt: nur die russischen Soldaten, nicht die deutschen. Wer dabei erwischt wird, die auch nur anzufassen, dem drohen finstere Strafen. Welche, das haben sie nicht gesagt. Aber man kann sich's denken, die sind ja wie die ›Tiere‹, wenn eine nicht gleich spurt.

Morgen früh um sechs sollen wir vorn am Bolschewiki-Lager sein. Da, wo auch Klaras Gulaschkanone steht. Das ist es, was sie jetzt so ›Kommandantur‹ nennen.

Ich bekomme so langsam das Gefühl, mit unserer Rückkehr in Wiesenau hätt' für mich ein neues Leben begonnen:

Als Totengräberin.

Gerlinde

17. August 1945

Mutti ist gestern mit zwei Zwiebeln nach Hause gekommen. Die hatte sie irgendwo ergattert. Sie ist jetzt viel unterwegs. Geht schon mal bis Lindow für ein Ei. Hier ist ja nichts, nicht ein einziges Huhn im ganzen Dorf.

Dann wieder geht sie fort, weil sie tote Bolschewiki begraben muss, zusammen mit den andern Frauen. Dafür laufen sie gemeinsam mit Spaten und Hacke in die umliegenden Wäldchen. Der Russe teilt sie morgens ein. Der hat sich so einen Plan gemacht, eine Art Raster für unsere Gegend, glaubt Ekkehard. Der reicht von hier bis Ziltendorf, mindestens. Damit keiner von ihren Gefallenen unentdeckt bleibt.

Die Frauen, also auch Mutti, müssen dann zu zweit eine bestimmte Waldstrecke ablaufen. Wenn sie einen toten Russen finden, müssen sie ihm die Erkennungsmarke abschneiden. Danach sollen sie aufschreiben, wo das ungefähr war, also wo der Soldat gelegen hat, und dann schreiben sie seine Nummer und den Ort auf einen Zettel, den die Russen ihnen mitgegeben haben. Damit die Frauen es lesen können, gibt es diese Zettel auch in deutscher Schrift. Wenn er keine Marke mehr hat, der Soldat, oder wenn es nur noch ein Teil von einem Soldaten ist, also nur ein Bein oder ein Kopf, dann müssen sie es auch notieren.

Mutti und Klara haben erst zwei Bolschewiki gefunden, ›am Stück‹, wie Klara sagt. Einige andere Frauen aber schon viele mehr. Das ist schlecht. Denn je mehr man findet, desto mehr Arbeit und Ekel bedeutet es ja.

Ich stelle mir das schauderhaft vor. Sie müssen dann ja bei so einem halb verwesten, stinkenden Mann erst die Kleider aufmachen und nach der Marke suchen. Dann müssen sie ein tiefes Loch graben und ihn da hineinwerfen und alles wieder zuschüppen. Und die ganze Zeit Angst haben, dass sie nicht irgendwo auf die Mine gehen.

»Und was ist mit dem Leichengift?«, hat Ekkehard gefragt.

Klara hat daraufhin nur geschnaubt und abgewunken. Mutti sagt, man müsse halt so oft wie möglich die Luft anhalten, dann ginge es schon. Ihren Blusenärmel nimmt sie aber vorsorglich immer mit.

Gestern war so ein Russen-Such-Tag und Mutti war völlig erledigt, als sie wiederkam. Klara war nicht bei ihr, sie macht oft abends noch solche ›Sonder-Touren‹, wie Ekkehard es nennt.

Ari und ich wussten das aber nicht. Als Mutti ins Haus kam, war sie bloß noch wortkarger als sonst in der letzten Zeit und hat sich in der Küche erst mal lange die Hände gewaschen. Man hat gesehen, dass sie furchtbar erschöpft war. Ihr Beutel, den sie unterwegs immer dabeihat, lag im Korridor neben ihren schmutzigen Schuhen auf dem Boden. Ari, der ja immer so neugierig ist, hat hineingeschaut und darin die Zwiebeln entdeckt. Er ist damit zu mir nach oben gestürmt, und wir haben gar nicht weiter überlegt: Die rochen so verlockend, dass wir sie sofort gepellt haben und einfach ratzfatz aufgegessen. Rohe Zwiebeln! Aber es hat herrlich geschmeckt.

Als Mutti uns entdeckt hat, hat sie uns furchtbar angebrüllt: Wie könnten wir es wagen, das sollte unser aller Abendbrot werden, und so weiter. Ich hatte so ein schlechtes Gewissen, ich wusste gar nicht, wohin mit mir. Also haben ich zu weinen begonnen, natürlich auch, weil ich es mit der Angst kriegte: dass ich mir jetzt Schellen einhandle oder eine Tracht.

»Wir hatten aber so einen Hunger, Mutti!«, hat Ari kleinlaut zu ihr gesagt.

Fast dachte ich, er fängt nun auch an zu flennen. Da hat Mutti urplötzlich aufgehört zu schimpfen, hat mich in den Arm genommen und gemeint, ich solle aufhören zu weinen, sie verstünde es ja, und es wär schon gut. Das hat mich verdutzt, wo sie doch eben noch ganz außer sich war!

Ach, was war ich erleichtert, dass sie uns nicht mehr böse ist. Ich will ihr ganz bestimmt nicht noch zusätzlich Kummer machen, Ari sicher auch nicht.

Ich glaube, wir haben die patenteste und klügste Mutti auf der Welt.

Elisabeth

18. August 1945

Gott weiß, ich mache mir unentwegt einen Kopf. Um alles und nichts. Es wird fortwährend schlimmer. Keine Sekunde vergeht, da mir nicht der Schädel schwirrt. Jetzt lieg ich hier, Klara ist gottlob noch stille, und ich schlag mich herum mit einer weiteren schlaflosen Nacht.

Kopfzerbrechen macht mir auch mein Großer. Er ist ja so ein unbekümmerter Fürchtenichts, dass es mir pausenlos bange ist um ihn! Eigentlich ist Ekkehard ja längst ein junger Mann, nicht bloß der halbgare Bückling, als den ich ihn gern noch aller Welt verkaufen möchte. Immerzu diese Furcht, dass sie ihn vielleicht doch noch zu irgendwas abholen. Entweder weil sie glauben, er wär ein Ehemaliger. Oder weil er doch gut wär für Schwerstarbeit. Oder, bewahre, weil er wieder irgendwas ›organisiert‹ hat, das nicht recht koscher ist.

Selbst seinen ollen Ballen Leder wird er jetzt stückweise los. Auch sonst überrascht er mich stets wieder aufs Neue.

Heute Abend hat es sehr spät noch bei uns geklopft. Bestimmt kein gutes Omen in diesen Zeiten. Ich war gleich in Habtachtstellung und hab Ekkehard geheißen, nicht die Türe zu öffnen: Das mache ich.

Vorne auf dem Abtritt standen drei Russen, und die wollten was zu trinken.

»Wir haben nichts«, sag ich. »Wasser kann ich Ihnen geben.«

Nee, sie wollten Schnaps.

»Habe ich aber nicht.«

Na, ob sie denn reinkommen dürften. Was soll ich sagen? Ganz höflich gefragt haben sie.

»Nur zu«, hab ich gemeint und bin zur Seite getreten. Was sonst hätte ich tun können? Schnurstracks in die Küche sind sie, als kennten sie den Weg, und ich wie übertölpelt hinterdrein.

Dort sitzt Ekkehard am Tisch und flickt einen alten Köcher von Schwiegervater. Er springt hoch wie aufgezogen, nur um denen aus dem Nebenzimmer noch einen Schemel zu holen, damit sie schließlich zu viert sitzen konnten. Einen Krug mit Wasser und ein paar Gläser hab ich den Herren also hingestellt.

Daraufhin saß mein Sohn mit den drei Militärs um den Tisch, als wär's das Normalste von der Welt. Fast eine Dreiviertelstunde hat er sich mit denen unterhalten, oder was man so Unterhaltung nennt, also geradebrecht mit allen Gliedmaßen, doch wohl mit passablem Erfolg.

Die Russen haben ihr Wasser getrunken, ganz zivil und manierlich, und sind vollkommen friedlich erst wieder gegangen, als es draußen schon finster war.

»Junge gutt!«, hat der eine Russe zu mir gemeint.

Und doch wahrhaftig sein Schiffchen mit dem Stern gelüftet, beim Rausgehen.

* * *

Wenn man näher herantritt, dann sieht man eine fast zehn Zentimeter lange Narbe auf Klaras Kopfhaut. Ihre Haare sind zwar schon schön gewachsen, aber an der Stelle wollen sie nicht recht kommen. Deshalb trägt sie fast immer ihr einziges Kopftuch, das sie spätestens jeden zweiten Tag mit Efeublättern wäscht. Es ist lachsfarben, und obwohl es schon den Gilb hat, wirkt's auf ihrem Kopf wie aus der Zeit gefallen: einer Zeit, als es uns allen gut ging und wir noch Blusen und Mieder mit Puffärmeln tragen durften. Als Würste und geräucherter Aal im Keller hingen und Kompott auf den Borden stand bis zum Sanktnimmerleinstag. Mein Gott, man wusste ja nicht, was man an alledem hatte!

Sie will jetzt einen Bubikopf ›züchten‹, sagt sie. Das sei patent und ausgesprochen modern. Wenn schließlich Richard nach Haus komme, dann wolle sie doch noch ›passabel‹ für ihn sein.

Über Hartwig und Werner spricht sie nicht. Als hätte sie die Hoffnung aufgegeben, die Söhne je wiederzusehen.

Ebenso wenig darf vom Ursprung der Narbe die Rede sein. Sie hätte halt ›auf den Kopp‹ gekriegt, als der Russe kam. Drunter und drüber sei es da ja gegangen, immer dawei, dawei, der halbe Keller in Schutt, draußen alles in Brand und dann noch der Vati … Und dann hört sie auf mit Erzählen und beginnt, dieses dumme Marika-Rökk-Liedchen zu trällern: »Schau nicht hin, schau nicht her, schau nur gradeaus …«

Ich rühre nicht dran, es ist besser so. Was soll man alte Wunden öffnen?

Gerlinde

20. August 1945

Eben hat es unten schon wieder energisch an der Türe gepocht, da standen zwei russische Frauen in Uniform. Flintenweiber, wie Klara und Mutti sie nennen. Ich habe das vom Treppenabsatz im Obergeschoss beobachtet. Auf Deutsch haben sie gefragt, ob wir eine Küche hätten. Ja, hat Mutti geantwortet. Sie hat sie reingebeten, das hat sie wohl müssen, und die Frauen haben sich unsere Küche angeschaut. Dann haben sie recht freundlich gefragt, ob sie denn hier bei uns kochen dürfen.

Natürlich, hat Mutti geantwortet.

Als ob sie eine Wahl hätte! Dennoch lief das alles sehr manierlich ab.

Kaum waren die beiden wieder aus der Tür, bin ich hinuntergestürmt zu Mutti. Die macht sich nun Hoffnung, dass sie vielleicht helfen kann mit ihrem Kochwissen. Oder vielleicht darf sie ja beim Kartoffelschälen zur Hand gehen? Und dass dann am Ende etwas für uns abfällt.

Jetzt sind die Flintenweiber wieder da. Zurückgekehrt sind sie mit einer großen Zinkwanne voller grüner Heringe! Keine Ahnung, wo sie die herhaben. Na, jedenfalls braten sie die gerade in unserer Küche. Wie das duftet! Wenn sie fertig sind, dann geben sie uns bestimmt jedem einen Hering ab. Ich kann es kaum abwarten und drücke mich an der Küchentür herum, obwohl Mutti sagt, ich solle den Frauen nicht im Weg stehen.

Hilfe von Mutti wollten sie nicht. Hoffentlich sind sie bald fertig, mein Magen macht vor Vorfreude schon Purzelbäume, und die Spucke in meinem Mund wird immer mehr.

Das letzte Mal gebratenen Hering hatte ich in Matschdorf. Doch das war ja ein ganz anderes Leben, als ich noch keinen Fisch mochte.

Elisabeth

20. August 1945

Nicht eine Gräte haben wir gekriegt. Im Gegenteil, die Küche sieht aus wie ein Schlachtfeld. Die haben uns NICHTS gegeben, keen Schwanz und keen Kopp, würde Mutter sagen.

Diese Weiber! Haben mein kleines Mädchen gesehen, das

sehnsüchtig in der Türe lungerte, und die Buben obendrein, die solche Stielaugen machten! Das Haus stinkt bestialisch nach Bratfisch, und ich muss nun den fettigen Dreck dieser Russenhuren wegschrubben.

Ist wohl doch was dran an all dem, was man so hört: Die Weiber sind noch grausamer als die Kerle.

Gerlinde

23. August 1945

Draußen kommt wieder so ein Russentreck voller Panjewagen durch. Ich stehe am Fenster von Großmuttis leerer Speisekammer. Dort kann man mich von draußen nämlich nicht sehen, vor allem wenn es schon dämmrig wird. Gegen Abend sind die immer fast alle besoffen.

Ganz gleich, wie freundlich sie tagsüber sind, sagt Klara, wenn die sich haben vollllaufen lassen, dann sind sie wie die Tiere.

Es ist ein einziges Gejohle und Gegröle da draußen. Mutti und Ekkehard haben die Losung ausgegeben, dass wir immer hurtig die Kerzen löschen, wann immer wir hören, dass sie kommen. Heute ist es aber noch nicht ganz finster draußen, und weil mir wieder so langweilig ist, sehe ich auf die Straße. Drei, vier Panjewagen fahren hintereinander auf der Hauptstraße an unserem Haus vorbei. Aus Richtung Brieskow kommt ihnen ein Bauer mit seinem Pferdekarren entgegen, der allerlei Gerätschaften geladen hat. Die Rekruten singen und feixen, einer wirft eine Wodkaflasche in Richtung Straße, wo sie scheppernd zerbirst.

Das Pferd des Bauern scheut heftig, und der besoffene Russe im zweiten Panjewagen lenkt sein Gespann viel zu dicht an dem Karren vorbei. Hinten ragt eine Sense über den Rand des Karrens und – mein Gott, das ist zu grauenvoll – schneidet dem Russenpferdchen längs den Leib auf! Die Russen brüllen herum, springen von ihren Wagen, und zwei von ihnen schirren das Pferdchen ab. Aus seinem Bauch hängen die Eingeweide, es blutet in Strömen, es irrt herum wie toll. Es wird langsamer, läuft wieder ein paar Meter in unsere Richtung und schnaubt und schnaubt. Jetzt steht es direkt vor unserer Hofeinfahrt. Das Pferdchen legt seinen Hals auf die Reste unseres Zauns ab, als wäre es furchtbar müde. Es schaut mich an.

Ich rufe und schreie und weine. Jetzt stürzt Mutti herbei und hält mir den Mund zu. Sie mahnt, ich solle mich doch verdammt noch eins beruhigen, und sie lässt erst los, wenn ich ihr das verspreche. Ich zittere und heule und denke, dass das Pferchen aber doch jemanden braucht! Mutti will mich partout vom Fenster wegziehen, aber ich wehre mich. Ich will das nicht, ich will hierbleiben bei dem schwer verletzten kleinen Pferd. Es muss doch irgendjemand etwas tun!

Nach einer gefühlten Ewigkeit kommt ein Russe und schießt dem Pferdchen in den Kopf. Es sackt in sich zusammen, und seine Augen verschwinden hinter unserem Zaun.

Elisabeth

24. August 1945

Sie haben das Fleisch an die Leute im Dorf verteilt. Dachten wohl, das wär uns das Festmahl des Jahrhunderts. Kamen auch an meine Tür, ob wir was davon wollten. Ich?, habe ich gedacht. Kein Stück will ich! Lieber verrecke ich langsam und elendig am Hunger.

Genommen habe ich dann aber doch ein Stück. Fix eingewickelt habe ich es, in eine alte papierne Bekanntmachung. Dann Ekkehard damit losgeschickt. Bevor das Mädel etwas spitzkriegt.

Erst hat er gemosert wie verrückt. Dann hat er das Stück Gaul mehr schlecht als recht getauscht: gegen einen Kürbis. Den es im Herbst dann irgendwann mal geben soll. Ich glaube, er hasst mich jetzt dafür.

Elisabeth

30. August 1945

Die große Hitze scheint erst einmal vorüber. Das tote Vieh ist im Ort nun von den Straßen. Verscharrt, so gut es halt ging. Tote Russen suchen müssen wir auch nicht mehr.

Noch gibt es nichts weiter zu essen als das, was die Kategorie-Karten hergeben. Aber ich habe begonnen, gemeinsam mit Klara, hinten im Garten ein großes Beet zu bestellen, und Mutter ackert wie toll im unverminten Teil von Sobbels.

Ekkehard versucht sich am Oderufer im Angeln. Bislang allerdings ohne jeden Erfolg.

Die Mädel werden zu Spezialistinnen im Unkrautverlesen. Und im Herbst gehen wir dann nach Pilzen. Klara und ich kennen ja die sicheren Stellen vom Russen-Suchen.

Zwei Heimkehrer gibt's jetzt im Ort. Sie waren an der Westfront. So wie Bernhard, vermutlich. Sie sind gezeichnet, aber wohlauf. Das lässt mich mit Mörike wieder etwas hoffen.

Septembermorgen

Im Nebel ruhet noch die Welt,
Noch träumen Wald und Wiesen:
Bald siehst du, wenn der Schleier fällt,
Den blauen Himmel unverstellt,
Herbstkräftig die gedämpfte Welt
In warmem Golde fließen.

Elisabeth

3. September 1945

Kopfläuse. Die fehlten mir noch!

Wo ich das ganze Viehzeug bislang erfolgreich vergrämen konnte. Und dann bei Gerlinde mit ihren langen Zöpfen! Erst haben wir es mit Brennnesselsud versucht, und natürlich mit Auskochen der ganzen Leibwäsche und des Bettzeugs. Das hat nichts gebracht. Also ist Klara in einen ausgebrannten Panzer gekrochen, von dem sie wusste, der liegt nach Ziltendorf am Wegesrand. Einen ganzen Eimer Staucherfett hat sie mit bloßen Fingern aus den Panzerketten herausgeklaubt. Das haben wir heute dem Mädel und mir auf die Köpfe geschmiert. Es brennt zwar wie Feuer, aber es tut wohl seinen Zweck. Fürs Auswaschen brauchten wir gute drei Stunden. Gibt ja keine Seife, bloß heißes Wasser. Herrje, Seife gab es schon im letzten Jahr nicht mehr auf Grundkarte! Man gewöhnt sich tatsächlich an nahezu alles.

Die halbe Zeit über hat Gerlinde natürlich geplärrt wie aufgezogen. Bis ich dann ein Machtwort gesprochen habe: »Das oder ein schöner Glatzkopf! Dann ist auch endlich Schluss mit dem gehassten Hahnenkamm!«

Da war dann erst mal Stille.

Die Jungschen hab ich gleich geschoren, sie wollten's gar ohne Murren so. Für Ari ist das nun schon das zweite Mal in diesem Jahr. Er findet es ›praktisch‹, sagt er. Ist ja auch so. Nur: Machst du das bei einem Mädel, dann sieht sie ja gleich aus wie früher ein ›Volksverräter‹.

Trotzdem, vorhin hat Klara zu mir gesagt: »Komm, Lieschen, ich auch. Den Bubikopf gibt's eben dann, wenn Richard wieder da ist.«

Wüst sieht sie nun aus, und gezeichnet. Was ist sie früher kokett gewesen! Zu jedem Fest war sie die Erste, Adretteste und auch die Schönste. Nun ist es wohl erst mal vorbei mit der Putzsucht. Auf einem Schlachtfeld geht man ja auch nicht tanzen.

Elisabeth

5. September 1945

Schon wieder schwaches Klopfen an der Türe. Russen sind das nicht: Die klopfen nicht, die hämmern.

Als ich öffne, steht auf der Schwelle eine entsetzlich ausgemergelte Gestalt, ein Gerippe von einem Mann mit gelben Augen in zwei blutunterlaufenen Höhlen. Einen Rest von Uniformhose hat er am Leib, schmutzstarrende Fußlappen statt Stiefel, keine Mütze, keine Joppe, am Hemd fehlen beide Ärmel. Wie dürre Äste baumeln die Arme von den Schultern herab. Vor seinem Geruch trete ich unwillkürlich einen Schritt zurück.

»Ja bitte?«, sage ich vorsichtig.

»Lieschen«, sagt er leise. »Ich bin's doch.«

Bin ich jetzt auch noch schwer von Begriff? Mein Gott, wer ist das nur?

»Richard?«, frage ich ungläubig, als es mir endlich dämmert.

Über sein Gesicht huscht der leise Anflug eines Lächelns.

Grundgütiger, so komm herein!, rufe ich, gleichermaßen beschämt wie glücklich, wie auch entsetzt, ihn so zu sehen.

»KLARA!«, schreie ich aus vollem Hals ins Innere des Hauses hinein; lauter habe ich wohl lang nicht mehr gebrüllt. Ich will Richard am Arm fassen, habe das Gefühl, ihn stützen zu müssen, dieses abgezehrte Wrack von einem Mensch.

»Nee, nee, lass mal, Lieschen!«, wehrt er mich ab und weicht einen Schritt zurück.

»Ich bin so verlaust und verdreckt, ich muss mich erst waschen, bevor ich einen Fuß ins Haus setzen kann.«

»Natürlich, wie du möchtest«, kann ich nur stammeln.

Ich heiße ihn hinsetzen und wende auf dem Absatz, um aus der Küche heißes Wasser und Seiflappen für ihn zu holen. Fast pralle ich dabei mit Klara zusammen, die atemlos und ohne ihr Kopftuch aus dem Obergeschoss angerannt gekommen ist.

Nun fallen sie einander doch sogleich in die Arme: eine magere kahle Frau mit blutroter Narbe auf dem Schädel und ein lebendiger Kadaver, dessen einziges Ziel es gewesen sein muss, wenigstens zu Hause zu sterben.

Gerlinde

5. September 1945

Gartenseits haben Ari und Ekkehard flugs eine Art Waschtisch für Onkel Richard aufgebaut, mit einem Schemel davor, damit er sich hinhocken kann. Er wollte partout nicht ins Haus kommen, weil er so dreckig ist. Mutti hat sofort die Schürze von sich geworfen und ist losgerannt; sie will versuchen, irgendwo etwas für eine Suppe für Richard aufzutreiben. Zum Russen geht Mutti nicht, auch nicht mit mir gemeinsam. Und Klara muss sich um ihren Mann kümmern.

Ich habe mich ins leere Wohnzimmer geschlichen und spähe durchs hintere Fenster hinaus. Onkel Richard ist nackig, und ich sollte mich wohl schämen, aber ich kann meinen Blick einfach nicht von ihm abwenden. Er sieht aus wie das Skelett in ›Der Mensch‹, das ist Papas Biologiebuch für die vierte Klasse. Offenbar hat er noch viel weniger zu essen gehabt als wir alle hier.

Vor dem Krieg war Onkel Richard Glasbläser und ein Bär von einem Mann. Er war viel größer als Papa und hatte breite Schultern und beinah tellergroße Hände. Jetzt wirkt er wie geschrumpft, wie kann das nur sein? Man wird doch nicht einfach kleiner, wenn man nichts zu essen bekommt?

Tante Klara weicht ihm nicht von der Seite, sondern schleppt seit einer Stunde warmes Wasser nach draußen, das sie ihm immer wieder behutsam mit einer Kanne über den Leib gießt. Onkel Richard scheint es zu genießen: Er sitzt zusammengesunken auf dem Schemel, aber immer wenn das Wasser über seinen Kopf läuft, dann richtet er sich auf und seufzt leise ah! und oh!.

Klara weint die ganze Zeit über. Man hört sie nicht, aber unaufhörlich kullern ihr Tränen über die Wangen. Bestimmt freut sie sich wie verrückt, dass ihr Mann endlich aus dem Krieg zurück ist. Die beiden sprechen nicht miteinander, das finde ich etwas seltsam, sie müssten sich doch so viel zu erzählen haben! Na ja, sie haben schließlich später noch Zeit dafür, wenn Onkel sich ausgeruht hat.

Elisabeth

8. September 1945

Richard schläft seit zwei Tagen. Selbst zum Austreten verlässt er nicht den Raum. Wir haben wieder einmal das Schlafzimmer der Schwiegereltern geräumt, damit Klara und Richard für sich sein können. Abwechselnd flößen wir ihm Brühe ein und heißes Wasser mit Kräutern. Ob das reicht, ich habe keine Ahnung.

Klara sagt, sie will verdammt sein, wenn sie ihn nicht wieder auf die Beine bringt. Das, was sie mit Gerlinde heute vom Russen geholt hat, können wir ihm nicht geben, zumindest nicht ›pur‹. Ich dreh es zweimal durch die Lotte und lass es dann noch einmal in etwas Wasser aufwallen. So mag es gehen, dass er es bei sich behält.

Er hat eine schwärende Wunde am Bein, die macht mir Sorge, aber gottlob kein Fieber. Wir legen Spitzwegerich auf und wechseln dreimal täglich. Wundbinden haben wir keine, es muss auch so gehen. Klara ist wie ausgewechselt. Kein böses Wort kommt mir gegenüber über ihre Lippen. Sogar bedankt hat sie sich, für meine Hilfe.

Es ist schön zu sehen, wie sie aufblüht.

Gerlinde

10. September 1945

Onkel Richard ist nun auch tot. Er ist im selben Bett gestorben wie Großmutter Lilie. Klara ist untröstlich. Sie redet aber wieder nicht mit uns, und sie will auch nicht, dass Onkel Richards Leichnam abgeholt wird: Seit heute Mittag hat sie sich mit ihm in Großmutters Schlafzimmer eingeschlossen.

Mutti sagt, wir müssen ihr ein paar Stunden Zeit geben. Sie in Ruhe lassen, damit sie ihren Mann noch ein paar Stunden lang ansehen kann, oder mit ihm sprechen.

Ich verstehe das.

Elisabeth

13. September 1945

Mutter hat Fieber, und sie erbricht sich fortwährend. Bruna ist gekommen. Sie und ich laufen für Mutters Notdurft. Richards Leichnam ist endlich aus dem Haus.

Ein Leben führt man, dass man irrsinnig werden möchte.

Gerlinde

15. September 1945

Großvater Lilies Weintrauben sind reif. Ich könnt' mir jetzt davon nehmen, so viel ich möchte. Na ja, ich hab es auch versucht, obwohl mir so grässlich schwer war ums Herz. Viel lieber tät ich jetzt abwarten, bis Opa mir Trauben aussucht – ganz egal wie lange es dauert –, als dass auch er nie wieder da ist.

Sie hängen goldgelb zur Straße, so dass jeder sie sehen kann, deshalb sind auch kaum noch welche übrig. Ist ja auch zu verlockend. Für Oma Sobbels habe ich noch welche ergattert. Aber Mutti sagt, sie speit sie immer gleich wieder aus. Nachher kommen Mizzis Großeltern, sie wollen Oma gemeinsam mit Mutti auf ihrem Karren ins Hospital bringen, nach Fürstenberg.

Lieber Gott, mach, dass Oma im Krankenhaus wieder gesund wird. Mach, dass das Sterben aufhört. Dann will ich auch nie wieder Trauben essen wollen, ich schwör's!

Elisabeth

17. September 1945

Elsbeth Lantzke, geborene Minack, Bauern-Ausgedingerin auf Sobbels, geboren 17. 3. 1886, gestorben 17. 9. 1945 an Bauchtyphus.

Ich notiere es auf dem Innentitel meines Mörike-Büchleins, weil es sonst nichts Gescheites gibt, auf dem ich schreiben könnte.

Danach trenn' ich es heraus und sende Ekkehard, damit zum Pfarrer zu laufen.

Auch wenn's bloß die Kirchenbücher, aber wohl keinen Herrgott gibt, den Mutters Tod noch interessieren würde.

Gerlinde

Spätherbst 1945

Anstelle von Efeu muss ich nun Bucheckern suchen. Zum Essen. Und Kastanien sammeln, weil, auch damit kann man behelfsweise waschen. Mutti weiß so etwas. Aber sonst redet auch sie jetzt nur das Notwendigste mit uns. Hier spricht kaum noch einer ein Wort mit uns Kindern. Doch Mutti hält uns immer gut beschäftigt. Damit wir nicht ›auf dumme Gedanken‹ kommen. Dabei kann das, was ich mir in Gedanken so ausmalen mag, sicher nicht dümmer sein als unsere Wirklichkeit.

Sie grämt sich so sehr um Omas Tod, dass ich mich schäme, selbst so furchtbar traurig zu sein. Schließlich war Oma Sobbels Muttis Mutti! Ich muss immer ganz arg nach Luft schnappen, wenn ich mir ihren Schmerz vorstelle. Weil es dann noch unerträglicher wird, als ich es mir je vorstellen konnte.

Gerlinde

Dezember 1945

Niemals gehe ich hier wieder weg! Ich klettere auf Papas Schoß, so dass ich mich zwischen ihn und die Tischkante quetschen muss. Mutti und er wollen sich eigentlich ›unterhalten‹. Wir Kinder sollten rausgehen, aber ich habe mich mit Klauen und Zähnen geweigert.

»Mutter?«

»Tot. Die Ruhr. Meine auch: der Typhus. Ebenso Tante Anna und Onkel Friedrich.«

Papa wird bleich.

»Oh, guter Gott.« Langsam nimmt er seine Brille ab und legt sie auf den Küchentisch.

»Und Vater?«, fragt er leise.

»Gestorben. Als Erster. Die beiden Alten wollten partout nicht mit uns kommen. Der Schlag hat ihn getroffen, als der Russe kam. Klara und Schwiegermutter waren dabei.«

Alle am Tisch schweigen nun. Ari ritzt gedankenverloren mit einem Messer an der Tischkante herum. Normalerweise setzt es dafür eine Tracht. Ekkehard blickt betrübt und glücklich zugleich drein, wenn es so was denn gibt. Ich schmiege mich an Papa. Niemand nimmt ihn mir nun je wieder weg. Niemand!

Nach einer Weile fährt Mutti fort: »Von Willi wissen wir nichts. Marie ist nicht wiedergekommen, nachdem sie der Russe verschleppt hat. Paul ist auf eine Mine, Wittchens Karl auch. Unser Karl ist auch gestorben. Na ja, der …«

Sie hält kurz inne, besinnt sich dann aber eines Besseren.

»Beide Welkischs: gefallen.«

Mutti ächzt leise und fährt mit gepresster Stimme fort: »So etwa das halbe Dorf, vielleicht sogar mehr, wer zählt schon noch? Und dann natürlich Richard …«

Mutti bricht jählings ab, weil Klara in diesem Moment die Küche betritt. Sie wuchtet einen Korb mit Feuerholz auf den Ofen und sieht ihren Bruder mit leerem Blick an.

»Verreckt ist er, nachdem er sich von der Ostfront nach Hause geschleppt hat«, sagt sie, und es klingt wie hingespuckt. »Nachdem er das große Schlachten überlebt hat. Paar Tausend Kilometer, bloß fürs Sterben.«

»Und Hartwig? Werner?«, fragt Papa sie bang.

Klara zuckt die Achseln: »Vermisst, auch im Osten.«

Papa legt die Stirn auf meine linke Schulter. Das tut so gut.

Er antwortet Klara nicht. Ich spüre seinen Atem an meinem Ohr; ich weiß, wie unendlich traurig ihn all diese Nachrichten machen. Trotzdem fühle ich mich wie schon seit Ewigkeiten nicht mehr, glücklich und geborgen. Davon bekomme ich sogleich wieder ein schlechtes Gewissen.

Egal.

Als er wieder aufblickt, fügt Mutti müde hinzu: »Ab Juli gingen sie hier ein wie die Fliegen, wegen der Seuchen. Bei den Lehmanns ist wohl die ganze Sippe gestorben. Ein paar haben sich selbst gerichtet.« Sie macht eine lange Pause und fügt tonlos hinzu: »Wir haben noch Glück gehabt.«

»Ja«, sagt Papa und drückt mich ganz feste. Er schaut an meinem Kopf vorbei auf Ekkehard und Ari.

»Das sehe ich.«

Elisabeth

Gleich zur Tür ist er des Abends reingestürmt! Kein Aufhebens hat er gemacht mit Klopfen oder gar Rufen.

»Lieschen?«, hab ich bloß von der Küchentür her flüstern gehört. Ich habe geglaubt, mir muss das Herz auf der Stelle versagen. Ich hab die Hände aus der Waschlauge gezogen, bin herumgewirbelt und habe fast den Kessel umgerissen, als ich auf ihn zugestürmt bin.

»Bernhard! Mein Gott, bist du das wirklich?«

Ein wenig schief gelächelt hat er und mich in die Arme geschlossen.

»Ja, zumindest als ich das letzte Mal geschaut habe«, hat er geulkt und mich wie früher aufs Haar geküsst.

Na, da wusste ich: Er ist es wirklich! Keiner sonst macht noch dumme Scherze in derlei Momenten, das kann nur mein Mann sein! Dünn wie ein Bleistift, abgerissen wie ein Streuner, aber in einem Stück und sogar mit passablem Teint.

»Woher kommst du denn … Wie bist du denn hierher…?«, hab ich unnütz gestammelt.

»Du weißt doch, was Mörike sagt, mein Lieschen: ›Das Wesentliche kommt immer auf leisen Sohlen‹.«

»Aber jetzt lass dich anschauen!« Und er schob mich auf Armeslänge von sich weg.

Was hab ich mich geniert. In was für einem Aufzug er mich vorfindet! Wie eine ranzige Magd sehe ich aus, oder ein elendes Waschweib. Wie eine, die so gar nichts mehr auf sich gibt.

»Schönes Lieschen, fleißiges Lieschen«, hat er vor sich hin gemurmelt und mich angestrahlt. Tat, als wolle er gleich ein Lied anstimmen.

»Ach was! Wir sehen jetzt doch alle aus wie's Gesinde«, habe ich erwidert und deutlich gespürt, wie mir die Wangen glühen.

»Na ja, bei mir sitzt die Kledage auch nicht wie bei Dr. Piefke«, hat er geschmunzelt und mich unvermittelt in die Luft gehoben, als wär ich bloß aus Zunder. Dann hat er mich jäh wieder abgesetzt und ist ernst geworden: »Wo sind denn alle?«

Das Blut ist wohl schlagartig aus meinem Gesicht gewichen.

»Setz dich«, habe ich zu ihm gemeint. »Ich hol dir ein Glas Wasser. Und dann erzähl ich es dir.«

Als ich das sage, schallt von der Tür schon wieder eine Stimme: »Papa?«

Als Gerlinde auf uns zustürmt, jauchzt und lacht und wie ein Hündchen an Bernhard hochspringt, und als er sie herzt und küsst und herumwirbelt und ihr die Zöpfe zieht, als wär sie ein Pony – da kehrt für einen kleinen Moment mein Herrgottsglauben zurück.

* * *

Fast möchte man sich schämen, dass nun der eigene Mann aus dem Krieg zurück ist. Wenn ich doch nur etwas tun könnte, dass Klara wieder zu Kräften und zu etwas Stimmung kommt!

Insgeheim vergleicht man es ja, fast wie auf dem türkischen Basar: Wer ist wohl schlimmer gestraft? Wen hat es weniger arg getroffen?

Klara. Sie ist von uns wohl die, die am meisten Leid erfährt. Und es hört und hört nicht auf. Die Gräuel beim Russeneinmarsch, die sie erdulden musste, ihre Verschleppung über Wochen, die Gewalt, die sie ihr angetan haben, wieder und wieder, ihre Verwundung … Mein Gott, ich vermag mir nicht vorzustellen, was sie erlitten hat.

Der Vater tot, die Stiefmutter gestorben, beide Söhne vermisst, der eine wohl längst gefallen, wir hören ja schon seit drei Jahren nichts mehr von Werner. Und dann kommt der Mann nach Haus und stirbt ihr in drei Tagen unter den Händen weg.

Bei mir sind es ja ›nur‹ die eigene Mutter, der Onkel, die Tante und noch zig weitere aus der einen oder der anderen Sippe, die man nicht ganz so eng am Herzen trug.

Doch meine Kinder: sind alle noch am Leben. Mein Mann: unversehrt aus nur kurzer Gefangenschaft zurück. Und dass Willi wiederkommt, die Hoffnung hab ich schließlich auch noch immer.

Bernhard hat sogar schon einen Platz für uns alle, und Arbeit für sich obendrein! Als Lehrer, am Rande von Hamburg, haben die Engländer ihn vorgesehen. Den Persilschein hat er sofort bekommen, da gab es wohl Fürsprecher, und der späte Parteieintritt hat ebenfalls helfen können.

Hier wegzugehen, das fällt dennoch unsäglich schwer. Matschdorf ist für uns zwar Geschichte, denn ins Polenland lassen sie uns bestimmt nie wieder. Doch Mutters Hof und all das Unsere hier in Wiesenau: Ich müsst' es doch eigentlich wieder in Ordnung bringen. Genauso wie Mutter das vor 25 Jahren getan hat. Ich sollte alles wieder aufbauen, es recht machen, die Felder frisch bestellen, neues Vieh anschaffen. Nur nach vorne sehen. Und nicht klagen dabei. So wie Mutter nie geklagt hat. Denn wir sind ja am Leben.

Ich würde das wohl auch alles tun, wäre ich auf mich gestellt mit den Gören, so wie Mutter nach dem letzten Krieg. Was bliebe mir denn auch sonst zu tun?

Doch man geht nun mal dorthin, wo der Mann hingeht. Da ist mein Platz, so schwer es auch fallen mag. Denn Gott hat sie mir ja gelassen, Mann und Kinder. Deshalb liegt es mir doppelt schwer auf der Seele, Klara bald hier zurücklassen zu müssen. So mutter-, vater- und kinderseelenallein.

Gut möglich, dass ich von Kindesbeinen an ›abgehärtet‹ bin? Als Vati fiel, war ich grad elf. So alt wie Ari heute. Man ist also Kummer gewohnt. Da dürfen meine drei doch wohl von Glück sagen: Noch alle da, noch alles dran! Und Vater und Mutter wohlauf. Die können sich später wirklich nicht beklagen.

Klara hingegen: hat niemanden, will wohl auch niemanden. Hofft bloß noch auf Hartwigs Rückkehr.

Mitnehmen können wir sie nicht, dafür fehlt es an Papieren. Ihr scheint es allerdings auch beinahe einerlei, gestern Abend hat sie zu mir gemeint: »Ach Liesbeth. Mit dem Hierbleiben kenn' ich mich ja nun aus. Und vielleicht kehrt ja doch noch einer heim …«

Gerlinde

Dezember 1945

Papa ist ›illegal‹ in Wiesenau. Er hat seine Uhr einem Russen gegeben, damit der ihn zu uns in die Sowjetzone reinlässt! Und noch so einiges andere, fügt er hinzu, aber was genau, das sagt er nicht, jedenfalls nicht uns Kindern.

Jedenfalls ist er jetzt hier, um uns von hier wegzuholen. Aber das darf keiner wissen. Ich finde das verwirrend, denn es kriegt doch bestimmt das ganze Dorf mit, wenn Lilies Bernhard hier auftaucht. Am liebsten möchte ich selbst sofort zu Mizzi laufen und es erzählen. Oder gleich der ganzen Welt! Mutti hat das gemerkt und sofort ein Machtwort gesprochen: »Wenn du willst, dass Papa am Leben bleibt, dann halt gefälligst deinen Rand! Hast du mich gehört, Fräulein?«

Mutti kann einem richtig Angst einjagen, wenn sie will. Und sie will das in letzter Zeit ziemlich oft. Soll sie das doch auch Ari sagen, und Ekkehard! Die sind doch viel öfter draußen als ich und könnten sich darum auch viel eher verplappern!

Ich vermisse Oma Sobbels so sehr. Die war immer so lieb zu mir und hat nicht ununterbrochen mit mir geschimpft – erst recht nicht, schon bevor ich etwas falsch gemacht habe!

Papa ist am Abend gekommen, und er plant auch abends wieder zu verschwinden. Das habe ich ihn eben sagen hören, ich habe auf dem Flur gelauscht.

Schon wieder will er weg! Im Finsteren, Bitterkalten!

Mutti ist strikt dagegen, weil der Russe abends doch jeden erschießt, der draußen frei herumläuft, sagt sie. Obwohl wir nie etwas gehört haben des Nachts. Bestimmt, weil dann einfach keiner draußen rumläuft!

Ich beginne zu schlottern, nicht, weil es jetzt wieder so kalt draußen ist, sondern weil ich solch furchtbare Angst um Papa habe. Ich will einfach nicht, dass er jetzt wieder weggeht, und wenn, dann will ich mit ihm gehen! Sollen sie mich doch gleich mit erschießen!

Am nächsten Morgen kann ich nicht anders; ich habe die ganze Nacht nicht schlafen können. Kleinlaut geb ich zu, dass ich gelauscht habe, und ziehe schon den Kopf ein, weil ich weiß, jetzt setzt es ein paar saftige Schellen. Aber nichts passiert: Die Eltern versuchen mich zu beruhigen. Sie sagen, Papa besorgt für uns ›Papiere‹ beim Engländer. Bei dem war Papa für vier Monate in Gefangenschaft, und der findet, dass man Papa trauen kann. Dafür darf er aber auf keinen Fall dem Russen begegnen.

Mit den ›Papieren‹ können dann Ari, Ekkehard, Mutti und

ich ›legal‹, also ohne jeden Ärger, aus der russischen Zone raus und in die englische wieder rein.

Nur mag es einige Zeit dauern, bis Papa die Papiere hat, und wir können nur hoffen, dass sie uns dann auch wirklich erreichen. Feldpost gibt es ja nicht mehr.

»Und die Russenpost funktioniert doch nicht«, sagt Ekkehard.

»Warum können wir denn nicht gleich mit dir mitkommen?«, habe ich flehend gefragt?

»Weil das ebenso illegal wäre«, sagt Papa. »Und auch viel gefährlicher.«

Die Russen und die Amerikaner, die seien sich nicht grün. Und die Russen wollten nicht, dass zu viele Menschen zum Engländer oder zum Amerikaner in deren Zonen gehen.

Wieso sind die sich auf einmal denn nicht mehr grün? Die waren sich doch vor Kurzem noch einig, als es darum ging, Deutschland zu bekämpfen. Da haben sie doch sogar alle zusammen gefeiert! Als wir an der Elbe gelagert haben, da haben Mutti und ich sie doch sogar dabei beobachtet!

»Das ist Politik«, sagt Papa, ganz so, wie er das früher in Matschdorf oft gesagt hat. Aber im Gegensatz zu damals spüre ich, dass er es wohl auch nicht recht versteht.

Elisabeth

Weihnachten 1945

Es soll einfach nicht sein. Ich darf mich nicht freuen. Ich soll nicht hoffen. Es gibt keine Gewissheiten mehr. Bloß noch Angst, immer wieder nur Angst.

Zwei Tage nachdem Bernhard des Nachts angekommen war, ist auch er krank geworden. Erst war es nur ein leichtes Unwohlsein, aber dann bekam er Bauchkrämpfe und hat sich erbrochen. Schon wieder dieses Fieber! Wir haben rein gar nichts hier, womit ich ihm helfen könnte. Auch Kräuter habe ich jetzt im Winter kaum welche mehr. So vegetiert er nun seit drei Tagen von heißem, abgekochtem Wasser und ein paar getrockneten Rhabarberschalen, die ich darin ziehen lasse.

Er weigert sich, etwas anderes zu sich zu nehmen als einen Kanten Brot, an dem er über Stunden herumlutscht, sagt, er sei schließlich nicht gekommen, um uns die letzten Brosamen wegzuessen.

Ich kann nicht nach einem Arzt schicken, selbst wenn sich mal einer hierher verirrte, schließlich ist Bernhard illegal in der Zone. Wenn die Russen ihn entdeckten, Gott allein weiß, was sie ihm antäten.

Beten mag ich nun nicht mehr. Vom Glauben zum Aberglauben? Mag wohl sein: Immer wenn ich im letzten Jahr besonders innig Fürbitte geleistet habe, dann endete es in Tod und Verderben.

Gerlinde

Januar 1946

Ich habe Papa gesund gepflegt, ich ganz allein! Na ja, ich und vielleicht Muttis Sud aus Weidenrinde, auf den sie sich schließlich verlegt hat.

Als klar war, dass er nicht die Ruhr und auch nicht den Typhus hat, da durfte ich endlich zu ihm ins Zimmer. Und dort habe ich ihm Geschichten erzählt, stundenlang, tagein, tagaus:

Wie wir beide an der Eilang in unserem Boot liegen und unter Weidenzweigen hindurchtreiben. Wie wir dort Fische angeln und er mir endlich, wie früher den Jungs, zeigt, wie man aus Stöcken Häschen schnitzt.

Wie er, einen Grashalm im Mundwinkel, mich Enten zählen, abziehen und malnehmen lehrt, weil ich ja schon ein ganzes Jahr Schule verpasst habe. Papa fand das sehr schön.

»Du erzählst mich heile, mein Spätzchen!«, hat er gemeint.

In den ersten Tagen ist er dann oft einfach eingenickt.

Später durfte ich zu ihm ins Bett krabbeln, weil Mutti glaubte, er wär nun nicht mehr ansteckend, und weil es im Schlafzimmer bitterkalt war. Das war derart gemütlich! Ich hätte am liebsten nie wieder aufstehen mögen! Ich hab meine neue Püppi mitgenommen und sie Papa gezeigt: Die hat Mutti für mich genäht, weil ich Susi in Matschdorf lassen musste.

Papa meint, dass Susi ja von Haus aus eine ›echte Französin‹ sei: Die könnten sich in jeder Situation behaupten, und ich soll mir um sie keine Sorgen machen. Wie denn meine neue Puppe heiße, wollte er wissen. Aber sie hat gar keinen Namen. Zu Anfang habe ich es mit ›Leni‹ versucht, dann mit ›Tess‹. Aber irgendwie passte das alles nicht.

Wie wär's mit ›Trüdi‹?, hat er gemeint. Das fand ich gleich richtig gut.

Trüdi und Susi, die beiden deutsch-französischen Schwestern!

Wir haben uns scheckig gelacht. Papa findet aber, dass das perfekt passt, vor allem jetzt, wo doch Frieden ist. Man müsse nur die Namen auf dem letzten Buchstaben betonen, dann klänge es gleich richtig ›fronsäi‹.

Danach hat er mich aufs Neue gelöchert: Wie es den Schmidts denn gehe. Denen aus Frankfurt/Oder. (Ich hab ja immer gedacht, die Stadt heiße Frankfurtoder!)

»Du Heimchen!«, hat Papa gelacht und dann gemeint: »Na, nächstes Jahr um diese Zeit, da buchstabierst du mich schwindelig!«

Ob wir was von den Levys erfahren hätten? Aber davon wusste ich gar nichts. Wie es denn mit dem Fräulein so war als Ersatzlehrerin. Und wie es »meiner Palaschka« ergangen ist, wollte er wissen. Da habe ich geglaubt, er muss gleich weinen.

Er wurde ernst und hat mich gefragt, wie es auf dem Treck für uns war.

Er wollte alles ganz genau erfahren. Haarklein musste ich ihm erzählen, wie wir uns durchgeschlagen haben.

Von unseren Nächten im Straßengraben habe ich ihm berichtet. Vom Sägewerk und den stinkenden Austritten am Rande des Stacheldrahtzauns. Von Klausches, von Blessie und Puppe. Von Muttis Pusteblumentee und den ekligen Mauserumpeln aus der alten Mühle. Von Ekkehards riesigem Lederballen, der zur Hälfte noch immer im Keller liegt. Davon, dass Ekkehard jetzt von den amerikanischen Tschie-Eis schwärmt, die angeblich wie Mülltonnen heißen.

Und dass Ari immer und überall pennt. Wenn er nicht gerade den Garten auf links zieht.

Von den russischen Soldaten, bei denen ich betteln musste und von denen einige richtig nett waren.

Und auch, dass ich immer gewusst habe, dass ich ihn, Papa, wiedersehen werde. Das mit dem kleinen Mädchen im roten Mantel und dem aufgeschlitzten Pferdchen habe ich aber weggelassen.

Papa hat sehr aufmerksam zugehört, hat sogar Fragen gestellt, die mich auf neue Einfälle und Erinnerungen gebracht haben. Später hat Papa dann mir berichtet: von Frankreich und wie schön es dort ist, und dass die Franzosen sehr nette Leute sind, die das Essen und das gute Leben lieben. Und dass es nicht richtig war, denen »unsere Lebensweise aufzwingen zu wollen«. Dass man das einfach nicht tun sollte.

»Jeder nach seiner Fasson, Spätzchen«, hat er gemeint.

»Jeder nach seiner Fasson.«

Das hat er früher in Matschdorf schon häufig gesagt, so wie damals, als Ekkehard bei der Hajott keine Lust auf Würmer hatte und deshalb nicht mehr hinwollte.

Die Gefangenschaft bei den Engländern fand er gar nicht schlimm. Er sagt, er wäre so froh gewesen, dass der Krieg endlich vorbei war, er »hätte sich auch doppelt ergeben«. Und die englischen Offiziere hätten ihn allesamt gut behandelt. Außerdem haben die wohl tatsächlich erst geglaubt, sie hätten Paul Hörbiger gefangen! Darüber haben wir beide angefangen zu kichern wie verrückt, und dann hat Papa auch noch begonnen mich zu kitzeln, damit ich bloß nicht wieder aufhöre zu gackern. Das war so, so lustig!

Nach drei langen Wochen war Papa endlich wieder wohlauf. Ich würde flunkern, wenn ich sagen würde, dass ich darüber nicht fast ein kleines bisschen enttäuscht war.

Das neue Leben

Elisabeth

Frühsommer 1946

Jetzt ›rüsten‹ wir also wieder. Wie vor gut einem Jahr. Nur diesmal mit nichts außer dem, was wir am Leibe tragen. Und dezimiert um viele, die wir liebten. Gezeichnet von Hunger, Krankheiten, Trauer und Geziefer. Aber doch so dankbar, dem Krieg entkommen zu sein, der Barbarei, dem Größenwahn und der ganzen sinnlosen Hetze!

Den weinroten Lederkoffer von Mutter, den nehme ich aber doch mit. Ihr »schönstes Stück«, das sie bis zuletzt gerettet hat. Leider hat sie selber nicht viel von der Welt gesehen. Bis nach Usedom, zum Flittern, ist sie einmal mit Vati gekommen. Weiter nicht.

Unser Stammbuch, die paar gilbenden Fotos, die noch übrig sind, die packe ich da hinein. Und meinen Mörike. Als Tröster und Welterklärer hat er mich über die schwerste Zeit gerettet. Er wird uns auch künftig Glück bringen, darauf will ich bauen.

Nun wendet sich dein Lebensweg; du gehst von uns,
Fernhin, wo dir ein trauter Herd bereitet ist,
Und manches Auge sieht dir schwer von Tränen nach.
Noch steht die Sonne dieses Tags am Himmel und
Noch heißt es Heute; wenn dies Heute Gestern heißt,
Wie anders liegt die Welt bereits vor deinem Blick!
Und Jahr um Jahr vergeht gemach mit Eile so.
Ihr Inhalt ist zur Hälfte kaum des Menschen Wahl,
Die andre ruht in ewiger Mächte Liebesrat.

Elisabeth

16. Juni 1946

Dutzende von großen grauen Zelten. Dazu eine Reihe von Pferde- und Kuhställen, die haben sie wohl zu Baracken umfunktioniert, um des nicht enden wollenden Stroms der Heimkehrer und Vertriebenen Herr zu werden. Doch ich sag's immer wieder zu den Kindern: »Wir sind nicht ›vertrieben‹. Wir gehen freiwillig, zu Papa!«

An einem winzigen Bahnhof sind wir hier heute früh schließlich angekommen, irgendwann im letzten Jahrhundert gebaut für ein verschlafenes Nest mitten im großen Deutschland. Aber das ist nicht mehr die deutsche Mitte, das ist jetzt eine Grenzregion der ›Siegermächte‹.

»Tommyland trifft Amiland trifft Russkiland«, hat Ekkehard im Zug geulkt. »Und das an einer niedersächsischen Milchkanne!«

Die meisten Umsitzenden mussten schmunzeln, nur einer hat gemeint, Ekkehard solle sein halbstarkes Maul halten, man scherze nicht mit der ›deutschen Schmach‹.

Ich fand es ja auch nicht komisch, eher schon peinlich, dass er sich so hervortut. Aber was soll ich meinem Großen noch über den Mund gehen? Er macht sich passabel. Er ist ehrlich. Da soll er als Jungscher auch mal ein paar Sprüche machen dürfen. Besser so, als anderer Jungscher gebrüllte Befehle befolgen.

Wir sind von Frankfurt/Oder über Berlin, erst im Güterzug nach Göttingen, dann im heillos überfüllten Personenabteil zum Lager nach Friedland. Selbst dafür hatte Bernhard gesorgt. Man mag es kaum fassen, was dieser Mann immer alles zu deichseln versteht.

»Mehr Glück als Verstand hatte mein Bruder ja immer schon.«

Klara hat bloß schief gelächelt, als der Brief mit den Dokumenten tatsächlich im Mai bei uns landete.

Nun ja, darin mag sogar ein Funken Wahrheit stecken. Als Beamter, der Bernhard zwar ist, besitzt er doch auch eine gehörige Portion Bauernschläue. Und ein gerüttelt Maß Gottvertrauen, nicht zu vergessen. Doch etwas Wichtiges vergisst Klara: dass er sich nichts hat zuschulden kommen lassen. Nicht beim Kommiss, nicht mit der vermaledeiten Partei, nicht bei irgendetwas, das im Rückblick nicht ganz koscher erscheinen möchte. Jedenfalls möcht' ich das glauben.

Ich verstehe allerdings überhaupt nicht, wie er das in dem Chaos allerorten dem Tommy zu Beweis bringen konnte. Aber Bernhard versteht es, dankenswerterweise, und das reicht mir als Antwort.

In Wiesenau, da hat sich der ein oder andere in den letzten Monaten aus dem Leben verabschiedet, weil die Weste gar zu schwarz war – oder besser zu braun. Drei haben sich aufgeknüpft, einer hat noch im August auf eine Kapsel gebissen – obwohl ihm bis da gar nichts Böses drohte. Eine andere hatte auch nichts zu fürchten, aber all ihre Lieben verloren; sie hat sich aus Gram die Handgelenke aufgeschnitten und ist dann zur Sicherheit noch in die Oder.

Die Russen haben sich uns gegenüber immer gesitteter verhalten, mit den Monaten. Sie haben schließlich geholfen, mit schwerem Gerät das tote Vieh zu beseitigen und den ärgsten Schutt beiseitezuschieben. Lebensmittel gab's auf Karte dann auch ein paar, spätestens ab November. Irgendwann haben sie auch die Frauen in Frieden gelassen, aber das war wohl von Dorf zu Dorf unterschiedlich. Richtung Seelow, so hörte man, da herrschten noch lange üble Sitten …

Jetzt, da die Feinde sich an ihren Feinden gerächt haben, da dieser erste Sturm der Rache sich gelegt hat, tritt da das normale Antlitz des Menschen wieder hervor? Was war noch gleich das ›normale‹ Antlitz? Ich kann sie nicht mehr auseinanderhalten. Welchem soll ich, soll Klara künftig trauen: dem kinderlieben Russen am Mittag, der Brot und Suppe teilt, oder dem betrunkenen Russen am Abend, der wieder zum vergewaltigenden Feind wird? Und: Traut uns Deutschen überhaupt irgendwann wieder irgendwer?

Für derlei Betrachtungen wird bald viel Zeit sein. Bernhard philosophiert ja für sein Leben gern, und ich trage dazu bei, was ich beitragen kann.

»Besser viel zu denken, als wenig zu trinken«, albert er dann gern, er bei einem Hellen, ich bei einem Schoppen. Gott, wie sehr ich diese alltäglichen Abende herbeisehne!

Fest steht für heute: Wir haben ja solch ein Glück!

Wir sind nun endlich hier im Lager und haben jeder einen Schlafplatz in einer der Nissenhütten. Die hoffentlich ihrem Namen keine Ehre machen werden, denn durch Entlausung mit der Flitspritze und Röntgen mussten vorher alle durch. Bis auf Gerlinde, die hat vor den Rotkreuzschwestern ein derartiges Spektakel aufgeführt, dass ich fast vor Scham im Boden versunken wäre. Rotz und Dreierschnecken hat sie geheult, dass bloß niemand ihrem Haar zu nahe kommt! Bis die Schwestern zu guter Letzt ein Einsehen hatten.

Klaras Staucherfett ist ihr wohl noch allzu gut in Erinnerung.

Eine solche Elendsparade war das, in der wir uns da eingereiht haben, nicht zu fassen! Hunderte von Menschen in langen Schlangen, fast bis zum Horizont hätte man meinen können, wenn man sich umgeblickt hat. Einer abgerissener als der Nächste, in zerrupften Drillichjacken und völlig zerschlissenen

Stiefeln, manche Frau in geflickten Sandalen, strumpflos und offenbar ohne großes Unterzeug.

Es gab ein Brot für jeden, mit Belag, und gesüßten roten Tee, so viel man mochte. Und für die Kinder: ein Glas Milch! Ekkehard haben sie schlankerhand zu alt erklärt für Milch; er hat natürlich geschmollt. Wir haben ihn ausgelacht: Wo er doch sonst immer so erwachsen sein will! Für Gerlinde war es ein Fest, und sie hat andächtig eine geschlagene Viertelstunde an ihrem Becher genippt.

Wir alle erhalten morgen einen ›Flüchtlingsausweis‹ mit Namen, Herkunft, Ankunftsdatum im Durchgangslager und Zielort. Ein ganz neues Stück Leben, auf Papier mit Stempel! Den Kindern schärfe ich jetzt schon ein, es zu hüten wie ihre Augäpfel.

Sie tun derzeit alles, was ich ihnen sage, prompt und ohne jedes Murren. Wenn man von Gerlindes Theater beim Entlausen einmal absieht.

Gerlinde

17. Juni 1946

Ich habe einen Fensterplatz! Na ja, einen halben. Mutti lässt mich auf ihrem Schoß sitzen, und ich darf die ganze Fahrt über hinausschauen. Zu Anfang gab es noch viele Kuhweiden mit Blumen und buntem Vieh, auch lange Strecken Wald und ein paar Bäche und Flüsse.

Ab Braunschweig war dann alles zu Klump gebombt, und ich mochte nicht mehr hinsehen. Mutti sagt, ich soll nun doch ein Nickerchen halten, doch ich bin viel zu hibbelig. Bald sehen wir Papa wieder, und ich lerne meine Tante Frieda kennen, Papas andere Schwester, die lebt schon lang in Schleswig-Holstein.

»Das wird unsere neue Heimat«, sagt Mutti, »so wie früher die Mark Brandenburg.«

Ob sie das richtig famos findet, kann ich nicht sagen. Ekkehard meint: »Mutti muss erst mal wieder lachen lernen.«

Er hat schon wieder große Pläne, denkt gar ans Auswandern nach Brasilien!

Ich selber kann es kaum erwarten; aber ich hoffe insgeheim, es sieht in Schleswig-Holstein etwas schöner aus als in Braunschweig.

So schön wie Matschdorf wird es aber niemals sein.

Gerlinde

Rellingen/Schleswig-Holstein – 17. Juni 1946

»Sag mal, du hattest doch kürzlich Geburtstag?«, fragt Papa mich, so ein klein wenig scheinheilig. Ich weiß schon, er führt etwas im Schilde, das erkenne ich in seinen schelmischen Augen.

»Ja«, antworte ich brav. »Vor gut zwei Wochen.«

Als wenn er das nicht wüsste!

»Na dann«, fragt er, »hast du ja noch gar kein Geschenk bekommen, oder?«

»Nein«, antworte ich.

Auch wenn das nicht ganz die Wahrheit ist. Weil hier zu sein, mit Papa, Mutti und meinen Brüdern, ist eigentlich das schönste Geschenk von allen. Das musste mir Mutti nicht erst erklären, auch wenn sie es natürlich versucht hat.

Überflüssigerweise.

»Aha. Dann zieh dir mal deine Schuhe an, und hol deine Jacke!«

Das muss er mir nicht zweimal sagen. Papa setzt seinen Hut auf und nimmt mich bei der Hand. Draußen auf der Chaussee laufen sehr viele Leute geschäftig hin und her. Nur Papa hat es überhaupt nicht eilig. Er pfeift das Eilang-Liedchen, schlenkert meine Hand in seiner vor und zurück und scheint heute besonders guter Dinge.

Nach einer Weile halte ich es nicht mehr aus.

»Wo laufen wir denn hin, Papa?«

»Wir gehen jetzt für dich ein Brötchen kaufen.«

Sofort läuft mir das Wasser im Mund zusammen.

»Darf ich das dann gleich essen? Auf dem Weg?«

»Das darfst du essen, wie du lustig bist«, meint Papa vergnügt.

An der nächsten Ecke erreichen wir die Bäckerei.

Einen echten Laden! Mit Auslage! Wie früher in Frankfurt/Oder!

Es duftet schon auf der Straße nach Brot und süßem Gebäck. Keiner drängelt, niemand steht an. Als wir das Geschäft betreten, fragt die Bäckerin mich, nicht Papa!, was ich denn möchte.

»Ein Brötchen, bitte!«, sage ich artig.

»Schrippe oder Rundstück?«, fragt die Bäckerin etwas ungeduldig.

Mir wird ein bisschen schwindlig, meine Wangen glühen, weil ich nicht weiß, was sie meint.

»Eine Schrippe, ein Rundstück«, antwortet Papa für mich.

»Auf die Hand bitte!«

Mit einer Gebäckzange reicht die Frau mir ein rundes und Papa ein geschlitztes Brötchen und wir treten hinaus auf die Straße.

»Auf drei!«, ruft Papa: »Eins, zwei, drei!«

Zugleich beißen wir jeder in unser Brötchen.

Es schmeckt so himmlisch, ich weiß gar nicht wohin mit mir, und mir kommen die Tränen. Papa wischt sie mit dem Daumen fort und schlägt vor, unsere Brötchen mal zu tauschen. Seines ist ebenso lecker, nur knuspriger und nicht ganz so süß. Auf unserem Weg nach Hause wechseln wir immer wieder hin und her und unterhalten uns, ganz wie zwei Erwachsene.

Ich bin so glücklich, ich könnte auf der Stelle platzen. Das ist mit Sicherheit für jetzt und alle Zeit der schönste späte Geburtstag meines ganzen Lebens!

Kurz vor der Haustür stolpere ich ungelenk über meinen offenen Schnürsenkel und schlage mir das rechte Knie auf, auch weil ich nicht will, dass mein Brötchen auf den schmuddeligen Gehweg fällt.

Plötzlich werde ich unsagbar zornig mit mir selbst. Mutti hat recht, wenn sie manchmal sagt, ich wär so dumm, dass mich die Schweinchen beißen! Mein Knie tut ziemlich weh, und ich beiße mir auf die Unterlippe, damit ich nicht gleich wieder zu heulen beginne.

»Lass mich mal pusten!«, tröstet mich Papa.

»Ist alles gut. Wir machen das heile.«

Epilog

Gerlinde lebt, verwitwet und inzwischen über 80-jährig, ihr ›Single-Dasein‹ in Westdeutschland. Erst nach der Wende, 1991, hat sie ihr Heimatdorf Matschdorf besucht, das heute Maczków heißt und zur polnischen Landgemeinde Cybinka im Landkreis Słubice gehört.

Elisabeth hat bis zu ihrem Tod gewissenhaft den Platz an Bernhards Seite ausgefüllt. Innerlich blieb sie eine ›Geflüchtete‹. Sie hat den Verlust ihrer Heimat nie verwunden und haderte offen mit ihrem ›neuen Leben‹.

Klara hat nicht wieder geheiratet. Ihr Sohn Hartwig kehrte als einziger enger Angehöriger aus dem Krieg heim. Sie lebte bis zu ihrem Tod im Dorf Wiesenau, das im Januar 1945 zu den am schlimmsten umkämpften Orten im Odertal zählte.

Palaschka wurde lange gesucht und nie gefunden. Was wohl auch daran lag, dass man nicht einmal ihren Nachnamen kannte …

Lotti und ihre gesamte Familie, die in Matschdorf geblieben ist, gelten als verschollen.

Gerda, das Matschdorfer ›Pflichtjahrmädchen‹, hat den Krieg ebenfalls überlebt. Sie hat die Familie Lilie später in Westdeutschland aufgespürt und mehrfach besucht.

Sara und Siegfried Levy, mit denen Bernhard befreundet war, wurden bereits 1943 von den Nazis deportiert und in Auschwitz ermordet. Stolpersteine an der Hauptstraße in Wiesenau erinnern an sie.

Die Namen handelnder Personen sind, sofern zulässig, authentisch. (Nahezu alle Erwähnten sind inzwischen verstorben.)

Ein paar dieser Namen finden sich auf Gedenkstätten im Odertal, in Matschdorf (dem heutigen Maczków) und den Erinnerungs-Stelen der Kirchengemeinde Wiesenau wieder*. Einige andere addieren sich zu den namenlosen Millionen der in beiden Weltkriegen Gestorbenen.

* www.denkmalprojekt.org/2011/wiesenau_wk1u2_brb.htm

*Mach dir nichts daraus**

Etwas schlechte Laune,
Mein lieber Freund,
Die gibt es jederzeit.
Aber solch ein Gesicht
Geht mir schließlich doch zu weit.
Seh ich das noch lange,
Mein lieber Freund,
Dann wird ich rabiat.
Und darum geb ich dir
Einen wunderbaren Rat:

Schau nicht hin, schau nicht her,
Schau nur gradeaus,
Und was dann noch kommt,
Mach dir nichts daraus.

Weißt du auch manches Mal
Weder ein noch aus,
Nimm's nicht allzu schwer,
Mach dir nichts daraus.

Geht dir nicht alles genau
Wie du's wünschst, nehm es hin,
Irgendwo hat jedes Ding
Seinen Grund und seinen Sinn.

…

Schau nicht hin, schau nicht her,
Schau nur gradeaus,
Und was dann noch kommt,
Mach dir nichts daraus.

* Populärer deutscher Schlager von 1944, der zur Durchhalte- und Verdrängungs-Hymne für die kriegsmüden Deutschen avancierte. Gesungen von Marika Rökk und Walter Müller im Film »Die Frau meiner Träume« (UfA), dem zu seiner Zeit teuersten und opulentesten europäischen Farb-Revuefilm. Musik und Text von Franz Grothe und Horst Kudritzki

Nachwort der Autorin

Alles in diesem Buch Beschriebene basiert auf Erlebnissen und Berichten meiner Mutter Gerlinde und meiner Großmutter Elisabeth.

Ich habe nichts verändert, bin streng ihrer Chronologie gefolgt und habe lediglich an einigen Stellen schreibend interpretiert. Viele Textpassagen sind wörtlich aus den protokollierten Gesprächen mit meiner Mutter übernommen, die sich an viele Stationen ihrer Flucht aus dem Odertal und der Rückkehr in die sowjetische Besatzungszone geradezu fotografisch erinnert.

Meine Mutter und ihre Mutter haben sich durch den Zweiten Weltkrieg gerettet. Sie entstammen nachweislich keiner NS-Täterfamilie. Sie haben überlebt. Sie waren Deutsche – und dennoch selber Opfer des von Deutschen angezettelten Weltenbrandes.

So millionenfach das Leid, so zahlreich sind selbstverständlich auch die Blickwinkel auf diese historisch dunklen Jahre. In diesem Buch geht es ›nur‹ um die geflüchteten Frauen. Und um die transgenerationale Weitergabe der Traumata* gleich zweier Weltkriege, die sich bis heute in den nachfolgenden Generationen und also unserer heutigen Gesellschaft wiederfinden.

* Der Begriff ›transgenerationale Weitergabe kriegsbedingter Belastungen‹ wurde von dem Sozialpsychologen und Altersforscher Hartmut Radebold um 2005 in die Diskussion eingeführt. Seit einigen Jahren kann auch die Neuroendokrinologie nachweisen, dass frühkindlicher Stress tiefe genetische Spuren hinterlässt. So programmiert er u. a. zeitlebens die Disposition für Depressionen.

Ich habe mich in meinem Buch einerseits auf die weibliche Perspektive konzentriert, weil es diejenige war, die mir zur Recherche zur Verfügung stand. Andererseits auf die kindliche Perspektive, weil uns aus ihr Prägung und existenzielle Verunsicherung geradezu anspringen.

Und schließlich, weil ich nun einmal Tochter, Enkelin und Urenkelin von Frauen bin, die in drei Generationen Krieg, Verlust und abgrundtiefe menschliche Verrohung erfahren haben.

Nach dem Krieg sollten die Überlebenden so tun, als wäre nichts geschehen.

Neben der kollektiven Ignoranz von Schuld und Gewaltherrschaft hatten Mädchen und Frauen jedoch gleich Mehrfaches zu verdrängen: die Zerstörung der Kindheit, die Sexualisierung durch den Feind, Verlust- und Gewalterfahrungen, nicht zuletzt auch ihre eigene ›Zweitklassigkeit‹ – nie wurde die systematische Verdrängung von Frauen aus dem Alltagsbild deutlicher als nach dem Zweiten Weltkrieg. Eben noch waren sie als Retterinnen, Ernährerinnen und Trümmerfrauen für Überleben und Wiederaufbau im Dauereinsatz, nun mussten sie wieder klag- und anspruchslos ihre weitgehend unsichtbare häusliche Rolle ausfüllen. Und ihre Töchter sollten es ihnen gleichtun.

* * *

Warum habe ich dieses Buch (erst jetzt) geschrieben?

Trotz intensiver Auseinandersetzung mit der jüngeren deutschen Geschichte spürte ich stets jene hartnäckigen blinden Flecken. Offenbar galt es, einiges zu verstehen, was sich meiner Ratio entzog: Woher stammte mein eigener strenger Schuld- und Verantwortungsbegriff? Woher rührte dieser Eifer, möglichst alles und alle zu verstehen – und dabei stets die Kontrolle behalten zu wollen? Wieso arbeite ich mich auch nach 40 Jahren Frauenbewegung noch an systemischer Benachteiligung ab?

Und schließlich: Wieso kommen mir bei Zeitzeugnissen aus den Weltkriegsjahren, Dokumentationen des Holocaust, Bilder einer entmenschlichten Zeit stets unweigerlich die Tränen?

Lange Zeit habe ich geglaubt, das läge an einem KZ-Befreiungsfilm, den man uns als Elfjährigen in der Schule zeigte und der mich – wie anders? – völlig verstört und verständnislos hinterließ. Ich ahnte jedoch immer, dass auch meine eigene Familiengeschichte dafür Erklärungen bereithielt. Dennoch vermied ich über viele Jahrzehnte, sie mir genauer anzuschauen. Und war damit in bester (bundes-)deutscher Gesellschaft.

Außer meinem grandiosen Geschichtslehrer, Herrn Bohla, der in uns Schülern das Fundament für eine schonungslose deutsche Erinnerungskultur zementierte, gab es in Kindheit und Jugend kaum jemanden in meinem näheren Umfeld, der mit mir über ›die dunkle Zeit‹ gesprochen hätte. Und das, obwohl alle damals lebenden Familienmitglieder meiner direkten Umgebung die Kriegsjahre intensiv miterlebt hatten (meine Großeltern Elisabeth und Bernhard wohnten sogar zeitweise bei uns im Haus).

Schon sehr früh hatte ich gelernt, gewisse Themen auszusparen, instinktiv wissend, dass die bloße Frage danach immer auch eine Art Schuldvorwurf an die eigene Familie gewesen wäre. Oder dass ich an Wunden rühren würde, deren Aufbrechen ich nicht hätte ertragen können. Als Kind wusste ich um jene unausgesprochene Abmachung, dass ›man‹ über ›diese Dinge‹ eben einfach nicht sprach.

Da war die Rede von der Schönheit des Heimatdorfes, von Opas ›Eilang-Liedchen‹, dem üppigen Garten, von Uromas Hof und Uropas Weintrauben-Geiz. Zuweilen auch davon, dass man ›später‹ Hunger gelitten habe. Dass ›danach‹ viele Angehörige gestorben waren. Dass man die Weggefährten von damals vermisste. Dass viele Verwandte jetzt noch ›hinter dem Eisernen Vorhang‹ saßen.

Nie jedoch sprachen meine Eltern (die Kriegskinder) oder

meine Großeltern (die Kriegsbeteiligten) konkret über persönliche Verluste, Gewalterfahrungen oder lähmende Angst. Geschweige denn über die mögliche eigene Schuld: zum Beispiel darüber, dass sie eben nicht nachgefragt hatten, wohin Bernhards Freund Siegfried Levy und dessen Frau 1943 so plötzlich verschwunden waren. Vermutlich, weil sie es damals bereits gewusst oder geahnt hatten und sich außerstande sahen, sich öffentlich dagegen zu positionieren. Der eigene Antifaschismus wurde in unserer urprotestantischen Familie für selbstverständlich reklamiert. Dennoch erinnere ich so manchen NS-Propaganda-Begriff, wie ›der Russe‹, noch gut aus dem alltäglichen Sprachgebrauch.

Die Kinder vieler Kriegskinder – meine Generation – erfuhren also überaus widersprüchliche Signale von ihren Vätern und Müttern: Einerseits zelebrierten diese den betäubenden Konsumismus des Wirtschaftswunders. Andererseits waren da all diese unausgesprochenen seelischen Nöte, die es unbedingt zu kaschieren galt, völlig unabhängig davon, ob es Erinnerungen an Flucht, Vertreibung, Gewalt, Verfolgung oder die (Mit-)Täterschaft betraf. Zugleich wurde den Kindern eingebläut, es habe ihnen blendend zu gehen – schließlich lebten sie doch nun in Frieden und Wohlstand.

Andere Kriegskinder gingen auf die Barrikaden. Ihr Protest gegen die Schweigemauer, die in den späten 1960er Jahren politisch kumulierte, legte zwar den Grundstein für eine gesellschaftliche Erinnerungskultur in Deutschland. Die transgenerationalen Konflikte innerhalb der Familien blieben davon jedoch meist ebenso unberührt wie – lange Zeit – die individuelle Konzeption von Schuld, Verantwortung oder eben Trauma.

* * *

Es gibt inzwischen eine ganze Reihe von Menschen meiner Generation, die als Motivation für ihre Recherchen und/oder das Verfassen von Büchern zum Thema einen ›Friedensschluss mit der Elterngeneration‹ angeben. Das nehme ich so generell für mich nicht in Anspruch. Mir geht es vor allem um mitfühlendes Verstehen.

Aus den langen Gesprächen mit meiner Mutter, durch Recherchen und letztlich das Schreiben dieses Buches habe ich unter anderem verstanden, dass meine Großmutter Elisabeth gute ›Gründe‹ hatte, schwer depressiv zu werden: als vaterlose Tochter, die das Schicksal ihrer eigenen Mutter teilte; die ebenso wie diese ihre drei Kinder und sich selbst durch einen Krieg retten musste. Die danach als ›Vertriebene‹ in Westdeutschland seelisch nie wieder Fuß gefasst hat; die, nachdem sie ihre Tatkraft in den Kriegswirren mehr als unter Beweis gestellt hatte, nie wieder in ein Berufsleben zurückkehren konnte oder aber irgendeine Form von gesellschaftlicher Anerkennung erfuhr. Mit 63 Jahren hat sie sich schließlich ins Bett gelegt, um zu sterben. Ohne jede organische Erkrankung. Weil sie des ›Über‹-Lebens einfach müde war.

Ich habe verstanden, dass meine als Kriegskind schwer traumatisierte Mutter ›gute Gründe‹ hatte, sich vieles nicht zuzutrauen, was für Frauen heute selbstverständlich ist. Warum sie manches nicht loslassen konnte, auch wenn sonnenklar war, dass nur Loslassen eine Verbesserung bedeutet hätte: Man lässt nicht los, wenn einem das Urvertrauen fehlt; man lässt nicht los, wenn man nie gelernt hat, dass sich hinter der nächsten Ecke auch etwas Besseres verbergen kann als nur blankes Entsetzen und erneuter Verlust.

Schließlich habe ich verstanden, dass viele Kriegsenkelinnen dazu neigen, eine Art Elternrolle für die traumabelasteten

Kriegskinder, also für die eigenen Mütter einzunehmen. Das bedeutet: vieles zu entschuldigen, was die eigene Mutter tut; sie mitunter aber auch hart dafür anzugehen, was sie nicht tut. Im unbewussten Bemühen, an der Mutter etwas wiedergutmachen zu müssen, für das weder Mutter noch Tochter eine Verantwortung tragen, tritt ein generationenübergreifendes Schuldgefühl zutage, das auch eine originär weibliche Facette hat. Und dass sich nur dann auflösen lässt, indem man offen darüber spricht.

Leider ist es für den persönlichen Dialog in vielen Kriegskinder-Familien bereits zu spät. Doch auch mit unseren bereits verstorbenen Müttern können wir ›ins Gespräch‹ kommen. Wir können ihnen jetzt noch das Mitgefühl zuteilwerden lassen, das sie als Mädchen und Kriegskinder nie erfahren haben.

Und wir dürfen uns selbst quasi ›Absolution‹ dafür erteilen, dass wir erst so spät begreifen, welch verstörendes Erbe wir auch als Kriegsenkel in uns tragen. Dass wir keine ›Schuld‹ geerbt haben. Aber einen Auftrag zur Versöhnung.

* * *

Diese Art Text hätte ich vor 20 Jahren noch nicht verfasst. Zu tief saß das familiengelernte ›Bloß nicht dran rühren!‹. Zu groß war auch die Sorge, damit eventuell revisionistische Idioten und ihre schmutzigen Relativierungsmythen zu befeuern.

Heute, mit beinahe 60 Jahren, kann ich eine Veröffentlichung nicht nur verantworten, ich begreife sie geradezu als Pflicht. Denn ich gebe damit nicht nur den betroffenen Frauen eine Stimme. Ich plädiere auch an das Mitgefühl jener, die über gegenwärtige (Kriegs-)Flüchtende diskutieren, als seien diese ein bloßes Logistik-Problem – allein dieser Aspekt des an Facetten so reichen Themas zeigt, wie wenig unsere Gesellschaft bis heute ihr eigenes Erbe versteht.

Meine Mutter war Mitte 70, als sie begann, ihre schweren Kindheitserlebnisse aufzuarbeiten. Sie wurde Zeitzeugin im Friedland-Projekt der niedersächsischen Landesregierung. Mit Ende 70 hat sie schließlich begonnen, sich therapeutisch begleiten zu lassen.

Mit Anfang 80 hat sie gemeinsam mit mir begonnen, dieses Buch möglich zu machen, das nun 75 Jahre nach Kriegsende erscheint.

Sie hat mir – trotz allem – Lebensmut, Empathie und eine gewisse Zähigkeit ›vererbt‹. die wiederum ihre Mutter und Großmutter ihr vorgelebt haben. Sie hat mich Menschlichkeit gelehrt und meinen Gerechtigkeitssinn genährt. Sie hat mich allein und nicht stereotyp als ›Mädchen‹ erzogen.

Sie hat den Mut, das bleierne Schweigen zu brechen und damit Heilung zu ermöglichen – gesellschaftliche wie auch persönliche.

Ich bewundere sie für diese Stärke. Ich bin ihr und den Frauen meiner Familie dankbar. Jeden Tag spüre ich, wie beides – Stärke und Trauma – in mir weiter existieren.

Birgit Kahle, im Juni 2020

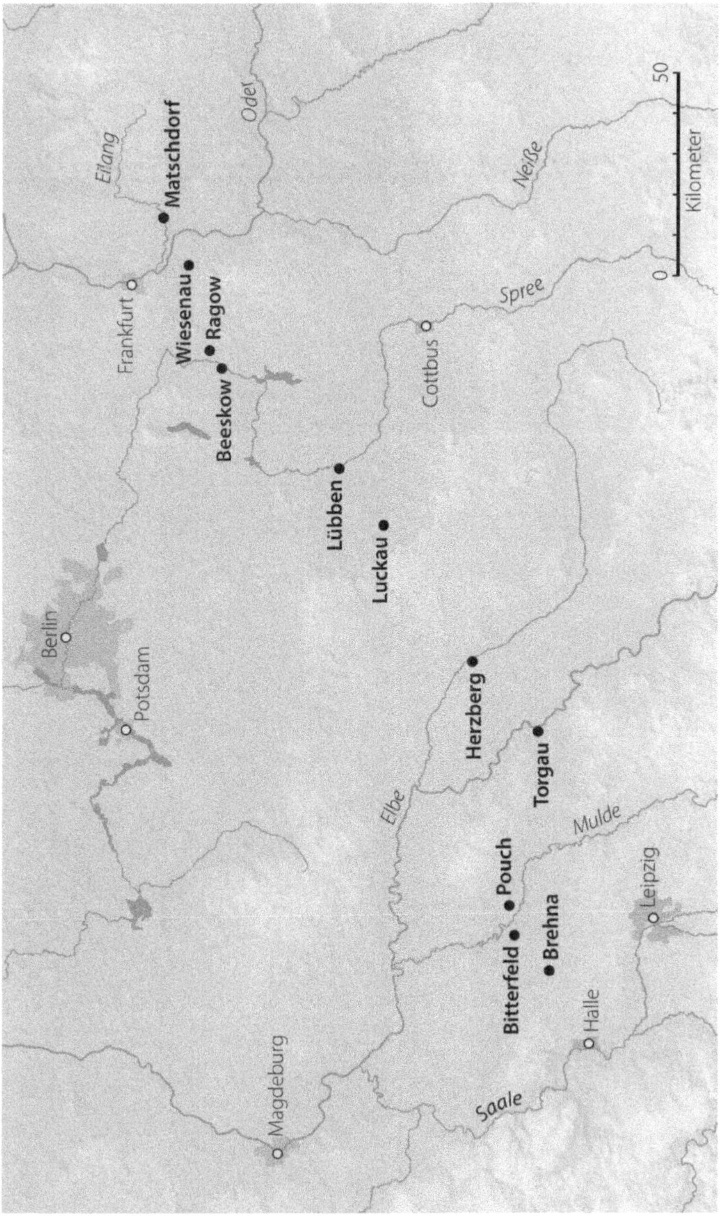
Eilang
Matschdorf
Oder
Neiße
Frankfurt
Wiesenau
Ragow
Beeskow
Spree
Cottbus
Lübben
Luckau
Berlin
Potsdam
Herzberg
Torgau
Elbe
Mulde
Pouch
Bitterfeld
Brehna
Leipzig
Halle
Saale
Magdeburg
0
50
Kilometer

Mein Dank

geht an meinen Mann für Geduld und Zuspruch, an meine Mutter, ohne deren Detailwissen ich nichts hätte zu Papier bringen können.

An Ingrid Meyer-Legrand, die das Vorwort beigesteuert hat und deren Expertise zum Thema ›Kriegsenkel‹ mich immer wieder aufs Neue beeindruckt.

An meine langjährigen Weggefährten Kai Precht und Helmut Lotz für deren loyale und fürsorgliche Freundschaft.

An Rainer Zenz, dessen einfühlsame Buchgestaltung ich einmal mehr überaus zu schätzen weiß.

An Mechthild Bülow, die mir stets geraten hat, mehr auf mein ›Bauchgefühl‹ zu hören anstatt nur auf meinen Intellekt.

Und an meinen Vater, der in diesem Buch unerwähnt bleiben musste, obwohl sein Kriegskind-Schicksal ihn letztlich frühzeitig das Leben gekostet hat.

Leseempfehlungen

Udo Baer/Gabriele Frick-Baer: *Kriegserbe in der Seele. Was Kindern und Enkeln der Kriegsgeneration wirklich hilft.* Weinheim/Basel: Beltz 2017

Sabine Bode: *Die vergessene Generation. Die Kriegskinder brechen ihr Schweigen.* Stuttgart: Klett-Cotta 2004

Michaela Huber, Reinhard Plassmann u. a. (Hrsg.): *Transgenerationale Traumatisierung.* Paderborn: Junfermann 2012

Horst Krüger: *Das zerbrochene Haus. Eine Jugend in Deutschland.* Frankfurt am Main: Schöffling & Co. 2019

Ingrid Meyer-Legrand: *Die Kraft der Kriegsenkel. Wie Kriegsenkel heute ihr biografisches Erbe erkennen und nutzen.* Berlin/München/Wien/Zürich: Europa Verlag 2016

Hartmut Radebold u. a. (Hrsg.): *Transgenerationale Weitergabe kriegsbelasteter Kindheiten: Interdisziplinäre Studien zur Nachhaltigkeit historischer Erfahrungen über vier Generationen.* Weinheim/München: Juventa 2008

Joachim Süss: *Die entschlossene Generation. Kriegsenkel verändern Deutschland.* Berlin/München/Wien/Zürich: Europa Verlag 2017

Mark Wolynn: *Dieser Schmerz ist nicht meiner: Wie wir uns mit dem seelischen Erbe unserer Familie aussöhnen.* München: Kösel 2017

Jens-Michael Wüstel: *Traumakinder. Warum der Krieg immer noch in unseren Seelen wirkt.* Köln: Lübbe/Ehrenwirth 2017

Autorinnennotiz

Birgit Kahle ist seit den frühen 1990er Jahren als Journalistin, Autorin und Kommunikationsberaterin tätig. Zahlreiche Publikationen in Print und Hörfunk beschreiben das ›gute Leben‹ ebenso wie das politisch brisante. Von der reinen ›Sachebene‹ hat sie sich erst einmal entfernt: »Schau nicht hin, schau nur geradeaus« ist ihr zweites belletristisches Buch.

Birgit Kahle lebt und arbeitet in Bielefeld und Berlin.

www.birgitkahle.de

Ingrid Meyer-Legrand arbeitet als Therapeutin, Supervisorin und Coach in Berlin.

Sie ist Autorin des Standardwerks »Die Kraft der Kriegsenkel. Wie Kriegsenkel heute ihr biografisches Erbe erkennen und nutzen«.

www.meyer-legrand.eu

Noch ein Gruß ...

... an Helmut Lotz, dessen letztes Projekt als Verleger, Lektor und Korrektor dieses Buch geworden ist. Er war die Seele des Verlags und wir werden ihn sehr vermissen.

2. Auflage

Umschlaggestaltung und Satz: Rainer Zenz, Berlin
Umschlag unter Verwendung der Fotografie
»Schnee und Nebel an der Oder bei Siekierki«
von Ralf Roletschek/www.roletschek.at

ISBN 978-3-86034-442-2

Auch als E-Book erhältlich
www.editiondia.de